一世一

敦煌

牛佳　牛玉生

著

陕西师范大学出版总社　西安

图书代号：SK25N1052

图书在版编目（CIP）数据

一世一敦煌 / 牛佳，牛玉生著. -- 西安：陕西师
范大学出版总社有限公司，2025. 6. -- ISBN 978-7
-5695-5685-8

Ⅰ. K870.6-49

中国国家版本馆CIP数据核字第2025T6E406号

一世一敦煌

YISHI YI DUNHUANG

牛佳　牛玉生　著

出 版 人	刘东风
出版统筹	侯海英　曹联养
责任编辑	付玉肖
责任校对	马康伟
特约策划	李　佳　刘禹晨
图片摄影	李　成
封面设计	王柿原
内文排版	李舒淇
出版发行	陕西师范大学出版社总社
	（西安市长安南路 199 号　邮编 710062）
网　　址	http//www.snupg.com
印　　刷	文畅阁印刷有限公司
开　　本	787 mm×1092 mm　1/16
印　　张	13
插　　页	4
字　　数	104 千
版　　次	2025 年 6 月第 1 版
印　　次	2025 年 6 月第 1 次印刷
书　　号	ISBN 978-7-5695-5685-8
定　　价	158.00 元

序

世界有敦煌，敦煌有莫高窟。可以说，一千多年来敦煌画工非凡的才华和洋溢的激情，都被浓缩在了敦煌莫高窟的佛教壁画和塑像之中。壁画虽年久斑驳但难掩一笔一画间流露出的神韵与气势，塑像或有残缺但神情动作之态生动得似血肉之躯，诸佛、菩萨、飞天、天神等组成的一方世界璀璨无涯。

近代自藏经洞发现以来，敦煌莫高窟的无穷价值展现在世人面前，无数学人奔赴敦煌，其中有很多是画家，他们用美术的语言去解读壁画上的内容——有很多还是残损的，而临摹是最直接的方式。传承至今，临摹已然成为学习、传承、发扬这一伟大艺术宝库的重要手段。具体而言，壁画临摹可以分为客观性临摹、复原性临摹和整理性临摹。因所需技术之难、毅力之坚、耗时之久，其足以成为一独特的画派或一独特的学科。当我们对照洞窟去观看这些临摹画作时，不禁感慨临摹画家都是一流高手，其临摹水准冠盖中华。

牛玉生老师自 1985 年进入敦煌研究院以来一直坚守在敦煌，从事壁画临摹工作。近 40 年来，牛老师完成了大量的壁画临摹，倾心于文化遗产的保护和弘扬。可以说，敦煌壁画临摹工作是艰辛而寂寞的。从前，当地的物质条件艰苦，生活环境恶劣，这使得当时的大学生都不愿意去敦煌工作，但对于年轻的牛玉生来说，留守敦煌却能够实现他的梦想，因为他从小的愿望就是尽情地画画。所以这份工作虽然清苦，但也成全了他一生的精神追求。

与单纯的"复制"不同，牛老师的临摹，还需要从历史背景、时代风格、绘制颜料等各个角度，分析如何将壁画更好地在现代画纸上还原，这些功夫非术业专攻之人不能完成，更非一日之功。而对于牛老师来说，临摹敦煌壁画是生活的全部。在日积月累的临摹工作中，在看似枯燥的"日常作业"中，他的艺术造诣也得到了极大地提高，正所谓"术精而道成"，无数笔画勾勒出的线条，已经超越了一般意义上的临摹，而是在与历史对话，与古人神交之后的心灵感悟。无论是何种题材、何种人物，无论是线描勾勒、还是重工色彩，都生动地展现了敦煌壁画的千载风流与神韵。

文物本身是不可再生的，具有唯一属性，但没有人欣赏和研究的文物也失去了其原本的意义，而让壁画类文物"活起来"的最好方法就是将其忠实客观地临摹下来。诚然，临摹水平有高下之分，所谓形似与神似，正如齐白石大师所说："学我者生，似我者亡。"像牛玉生老师这样长期工作在石窟一线的画师，则拥有"神形兼备"的高超技艺，无论对敦煌文物还是其背后承载的审美价值来说，都是不可多得的宝藏。

正所谓：且将此生付敦煌，借来春风度玉门。这正是牛玉生老师的真实写照。

苏士澍

2024 年 12 月

前言

我的父亲在2023年退休了，时光飞逝，他在敦煌研究院工作了近40年。我的童年回忆是经常去洞窟里看他临摹壁画的情景。冬天，父亲还给我做了简易的滑冰车，带我去莫高窟对面的宕泉河滑冰。那时年幼的我总是跟着他往返于上下班的路上。我们或是走在穿过果林去往九层楼的小土路上，或是走在进城坐班车那条不太平整的水泥路上。那时候，我年纪很小，个子很矮，有时候是他抱着我走，大多数时候我就低着头走在他的后面。

转眼间，父亲退休了，我也开始走上工作岗位。常有人问我："你的父亲一直在敦煌临摹壁画，这对你有什么影响？"我觉得很难用简短的话语来回答这个问题。毕竟我在成长的过程中也经历了许多事情，想法也在不断变化。尽管父亲始终坚持临摹壁画，但我和他的生活道路却逐渐不同。我常常回想，当年那个小女孩在看着父亲走这条路时，是否也曾犹豫过。

父亲习惯用透明的拓稿纸作画，这种纸硬挺，笔尖划过时总会发出刺耳的声音。我从小一边看他画画，一边听着这种声音。后来当每次接触到这种纸，我都会有种莫名的亲切感，仿佛回到了儿时。如今，我将拓稿纸应用在作品中，并将传统图案作为当前和未来的研究方向，坚定不移地走下去。我深知，这个方向让我找到了归属，是一条指向回家的路，令我感到踏实与温暖。当我看到父亲几十年如一日地做着同一件事时，我突然意识到，他那无形的力量在深深地影响着我。

莫高窟是敦煌艺术的宝库，于我而言，它承载了我整个童年的回忆：九层楼前的小渠清澈见底，在阳光下闪烁着微光，洞窟里也时常弥漫着土腥味。小学时我写的暑假日记，许多内容都是从讲解员阿姨那里听到的解说词……这些熟悉的画面至今难以忘怀。回想起来，我对敦煌的深厚情感或许正是在那一点一滴的浸润中扎根心底。自高中离开敦煌去北京求学，再到出国留学归来，我逐渐意识到，敦煌在我心中是如此绚丽夺目。当再次走进敦煌的洞窟，我欣喜地发现心中的那颗种子已悄然发芽。

在这本书中，父亲分享了多年的临摹经验和对敦煌壁画的深厚情感，精选自己的临摹画作，展现了他眼中敦煌壁画的独特魅力。同时，我在本书中展示了我对敦煌艺术的全新探索与实践，意在为大家呈现一个更生动、更多元的敦煌。我衷心希望这本书能打开每个人心中通往敦煌的一扇门，去开启属于你们的美的旅程。

牛佳

2024年11月

目录

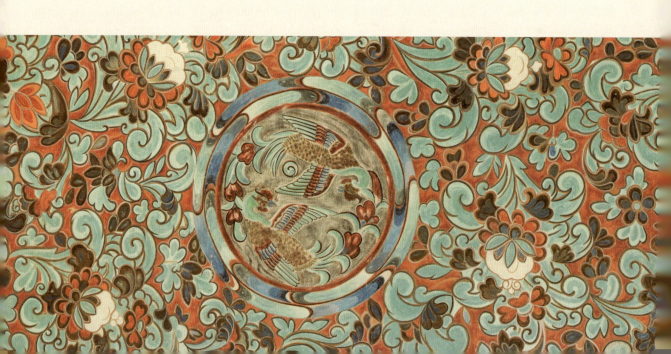

第一部分

一世只在一
敦煌

本节以问答形式较全面地概述了牛玉生老师临摹壁画的心得经验。问答中牛老师深情回顾了40年来的壁画临摹之路。

1 您刚从事临摹工作时是什么心情，前辈是如何言传身教的呢？

记得刚参加工作时，看着老先生临摹的壁画作品感觉压力很大，当时敦煌研究院美术研究所的前辈们常去洞窟和我们进行交流，关注大家临摹时有什么问题，还定期举办一些画作临摹的讨论会。当时我对李其琼老师印象颇为深刻，她虽已年迈但一直坚持在洞窟里临摹。我观察到她总会在原壁画前观察很久才去动笔。老师每次用过的颜料也会保存很久，等再去临摹同时期的壁画时，会将这盘颜料拿出来进行对比，这样可以保证临摹同时期壁画时色彩的一致性。同时，李老师告诉我们一定要"惜墨如金"，多看少画。

壁画临摹所需颜料与工具

1998 年牛玉生老师在莫高窟第 322 窟临摹壁画

2 进入洞窟临摹前，需要做什么准备工作？当长时间面对满窟壁画，您心中有什么感想？

当时我们临摹壁画还是采用传统的方式，在洞窟里搭架子支画板，同时还要对洞窟做好全面保护再进行临摹。一般一年中在洞窟对壁临摹 6 个月，夏天洞窟与室外的温差较大，会穿一些保暖的衣服。初次进入洞窟，的确会有很多对壁画临摹的疑惑，包括画面的历史背景是什么，采取怎样的临摹技法，该如何更好地呈现画面等。针对这些问题，要去做详尽的准备工作和尝试，反复向老前辈进行请教。

当长时间在洞窟里面对壁画，会不由得想古时的工匠是在怎样的环境中去绘制的，在洞窟有限的空间里工匠们又是如何协调配合的，这也是一种和古人的对话与交流吧。随着时间的积累，我认为这种"对话感"是临摹工作中必须要长期保持的状态。

3 现在的临摹工作与过去相比，有哪些进步？

随着数字技术的进步和对洞窟保护措施的完善，大约在2000年左右，我基本不再进入洞窟对壁临摹。敦煌研究院的技术工作人员以数字化的形式给予了壁画临摹工作很多帮助和支持，高清的数字画面使我们能看到更多的壁画细节，不受洞窟环境的约束，进行更有效的临摹工作。

4 敦煌壁画中各朝代的人物造型众多，临摹时该注意些什么？

首先要了解不同时期壁画的绘画特点和历史背景。目前大部分临摹作品主要集中在唐、西夏、元时期。

唐代壁画以大型的经变画为主，构图的形式、人物的形象大多比较相似。难点在于，如何更加细致地区分人物形象特点，比如《说法图》里，画面中心的佛像及周围的菩萨像，它们的姿态、形体和表情要去揣摩，

1986年牛玉生老师在电影《敦煌》的布景模型上进行绘制

要在临摹时尽量将自己的情绪融入画面中，跟着画面的内容走，深入地体会后再去动笔。每一次落笔，凭着自己对画面线条的感受来掌握松与紧的节奏。

元和西夏时期的壁画，要深入地去"读"画面，去体会古代工匠如何用一根线勾出力量感和体积感，尤其是如何用线条传神和写实地表现人物的面部。无论是经典的敦煌莫高窟第3窟壁画《千手千眼观音》，还是瓜州榆林窟第3窟的大型壁画《文殊变》和《普贤变》，都是复杂的画面，最考验临摹者对于线条的理解。在结构变化中如何处理细节也是重点，例如如何能流畅地表现出衣服上飘带的线条质感和人物肢体动作，这种线条的层次和绘画的节奏是最难把握和控制的。

1993 年牛玉生老师拜访常沙娜老师

5 在绘画的过程中，唐代壁画和元代壁画有什么不同的临摹体验吗？

　　临摹壁画既要"读"画，也要在临摹的过程中多做感受上的总结。从画面细节上说，唐代壁画人物线条的入笔和收笔的停顿饱满有张力，线和色彩的虚实关系也很重要。如果要更严格地区分，我认为唐代壁画的线条更具柔韧感，而元代壁画的线条笔锋变化丰富，更需要气和力的协调配合。

　　从运气来说，唐代壁画的勾线方法在呼吸上也可以理解为"一呼一吸一根线"，元代壁画的勾线需要闭气久一些，看准线条的走势，吸足一口气，以闭气的方式勾完一条线，如此才能更好地表现元代壁画线条的力量感。

　　在临摹过程中，我很重视画面的代入感，壁画中的人物是仰望还是颔首，嘴角的微表情和手姿的动态都需要临摹者反复揣摩。让自己的身体姿态有意无意地随着画面去变化，肢体配合毛笔去移动，也会使对壁画的表现力达到更高的水准。

牛玉生老师在洞窟临摹画前出神凝望

6 飞天在大众的眼中是敦煌的代表性形象，您在多年的临摹中积累了怎样的经验呢？

敦煌壁画中飞天的表现重点在于"飞"这个动态。所以在临摹过程中需要注意两个方面：第一，飘带在飞天壁画中占据较多画面，飘带的舞动起到表现飞天动态的关键作用，所以需要仔细观察，搞清每个飘带的走势动态，勾线时要一气呵成，这一点尤为重要；二是要去着重体会"飞"的状态，在敦煌壁画中飞天千姿百态，形象、表情、动势都不是千篇一律的，整体的姿态和细节的动态都需要反复去揣摩。

7 在临摹中如何看待壁画氧化变色的问题？

敦煌壁画中人物部分大多以铅白打底，而铅白这种矿物质颜料有氧化变色的属性，所以我们现在看到的人物色彩与其本来的面貌有很大的差距。在整理性临摹中，根据画面需求，会适当地还原画面中人物的肤色，将已变成黑色或深褐色的脸复原到最初的肤色，完善人物形象。这种绘制需要临摹经验的积累，以达到更具观赏性的水平。

8 绘画爱好者该如何去临摹敦煌壁画，您给些技术指导吧！

先要尽可能地去找到原壁画的数据和资料，进行比对，深入地"读"壁画。此外，要加强自己对壁画的理解，观察画面整体的框架、人物造型，研究线条的走势动态。对于壁画上脱落的细节，进行适当地补充，增强画面完整性。但是若有面积较大的裂纹或者脱落部分，还是要尊重画面原貌。

9 说说您印象最深刻的壁画复原作品。

以复原性临摹壁画（后文也会介绍到这种临摹方式）来说，段文杰先生临摹的莫高窟第130窟的《都督夫人礼佛图》是最具代表性的作品之一。看到这幅作品，再回到原洞窟的墙壁上进行比较，就会发现这种临摹方式的艰难，没有多年的临摹经验和壁画研究是无法完成这项工作的。段先生在临摹这幅作品时仍然保留了两块面积较大的壁画缺损，也说明了当时段先生在有些画面无法完全确认的情况下，必须按照原壁画的形式呈现，体现了复原性临摹的严谨性。

就我自己的作品而言，莫高窟第272窟的《听法菩萨》和第85窟的《伎乐天》是我印象最深刻的两幅壁画复原作品（二者均已收入本书）。《听法菩萨》借鉴了段先生早期在莫高窟第263窟的复原性临摹作品，因为第263窟和第272窟处于同一建造时期，壁画上的造型和色彩也有相似之处，所以我结合段先生总结出的这一时期壁画造型特点和色彩体系，尝试对第272窟《听法菩萨》进行临摹。

再说第85窟的《伎乐天》，其壁画本身的清晰度佳、色彩保存较好，壁画表面少有病变和破损，通过专家的研究分析，这幅壁画的色彩变色程度很小，在敦煌是为数不多保存良好的壁画，非常具有研究价值。

多年来敦煌研究院美术研究所等比例复制了不同时期的多个经典石窟，图为牛玉生老师参加莫高窟第45窟整窟复制工作时期的留影

9

关于临摹方式

敦煌壁画临摹的方式主要分为三种：客观性临摹、复原性临摹和整理性临摹。段文杰先生在1956年发表的《谈临摹敦煌壁画的一点体会》以及之后发表的《临摹是一门学问》等相关的文章中对敦煌石窟壁画艺术临摹技巧等相关问题进行了深入的论述，并依此对壁画临摹方式进行了如上分类。

◀**客观性临摹**：客观性临摹需要长时间面对壁画，需要临摹者有充分的耐心。为了保留画面当今风貌，如颜色变化、墙面病害、墙面疤痕等，临摹者要进行客观、真实、细致入微地还原，突出壁画的当今特点。观者见临摹品如见洞窟中现存的真迹。

《唐代菩萨》 莫高窟第 321 窟 初唐
临摹方式：客观性临摹

《听法菩萨》局部 莫高窟第 272 窟 北凉

临摹方式：复原性临摹

　　▲复原性临摹：再现壁画初绘时的造型特点，如线条形式、色泽、画貌等，准确科学再现壁画的原始风貌。复原性临摹的目的是研究壁画本身的绘制技法。

《药师经变》局部 莫高窟第 220 窟 初唐
临摹方式：整理性临摹

◄▼ **整理性临摹**：保留因时代变迁等因素而产生的颜色变化，补全画面伤疤等。画师要根据临摹经验对壁画进行一定程度的复原，对壁画残损部分进行有选择地取舍，在所临摹的作品形象完整的基础上，保留一定历史痕迹和壁画现状肌理，为研究壁画提供更多的参考资料和素材。

《千手千眼观音》局部 莫高窟第 3 窟 元代

临摹方式：整理性临摹

第二部分

一生倾心绘

敦煌

佛、菩萨、天王

《药师佛图》

　　东千佛洞石窟位于甘肃省酒泉市瓜州县东南 90 多千米外的祁连山余脉长山子北麓，开凿于北魏，历唐、五代、西夏等朝代。因其位于敦煌莫高窟、瓜州县榆林窟以东，被惯称为"东千佛洞"，与莫高窟、榆林窟、西千佛洞等石窟群合称敦煌石窟。

　　东千佛洞石窟共存 23 窟，南崖有 11 窟，北崖有 12 窟。东千佛洞尤以内容丰富、技艺精湛的西夏窟闻名。其中第 2 窟是东千佛洞洞窟群中保存最完好、规模最大的窟体。窟室后部后甬道西壁中间绘说法图一铺，南、北两侧各绘药师佛一铺，本幅《药师佛图》便是位于南侧的那铺。

　　药师佛，又作药师如来、药师琉璃光如来、大医王佛，为东方净琉璃世界之教主。画面中，药师佛全身赫红，着内红外白的佛装，身体微微向右前方倾斜。左手执锡杖，右手曲臂下垂，手托琉璃药钵，内盛医治世人疾病之药。右边脚下有四小童，其中一个童子被另三个童子托起去接药师佛俯身赐给的药丸。左边身后有两位随身弟子侍立，一双手抱拳，一合掌。画面通过人物的神情动态，生动地呈现了这一暖心的场面。

《药师佛图》东千佛洞第 2 窟　西夏

临摹方式：客观性临摹

局部1：供养菩萨低眉垂目，神态安和

《说法图》

  说法图的画面大多呈方形，以佛为中心，主佛的形象突出，佛身旁的菩萨、弟子、飞天组合一般呈对称分布而富有变化。

  本图中主尊阿弥陀佛结跏趺坐莲花宝座说法，手结说法印。两侧侍立弟子、菩萨及天王，华盖旁是栩栩如生的飞天。前有护法金刚力士二身。构图紧凑，画面精致细腻，设色醇厚朴实，清新明朗。

《说法图》 莫高窟第 205 窟 初唐

临摹方式：复原性临摹

局部 2：佛手结说法印

　　这一手印象征着佛说法，以拇指与中指（或食指、无名指）相捻，其余各指自然舒散。

局部 3：众菩萨与金刚力士

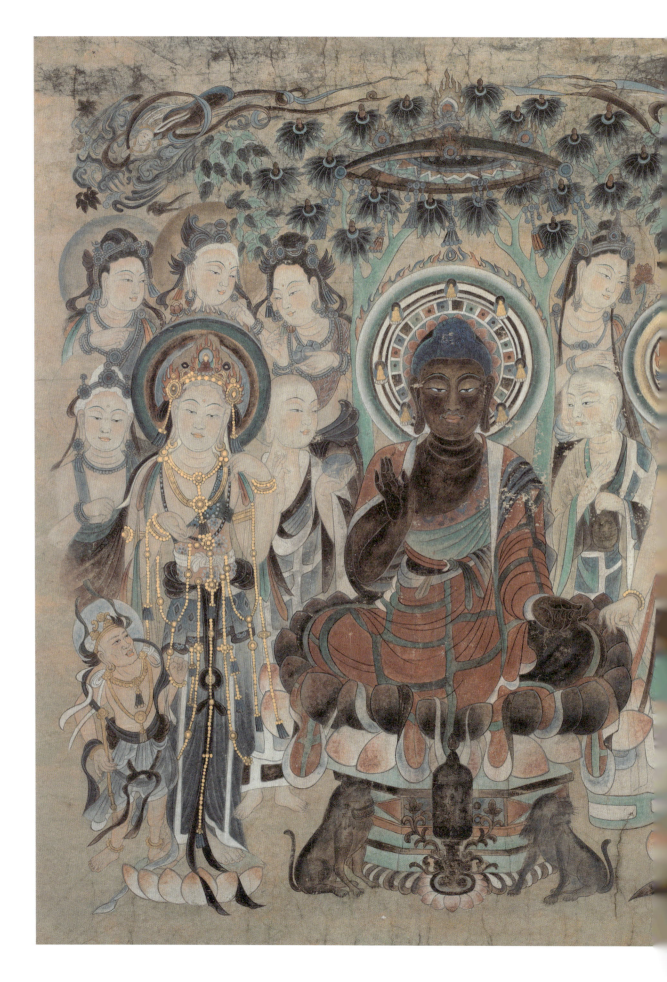

《弥勒说法图》

此说法图人物众多，佛、菩萨、弟子等形象达十五身，中间是佛盘腿结跏坐在莲花座上，佛一手放于腿上，一手上扬正在讲经说法，头光上绘有贴金小佛，身后绘菩提树与华盖。菩提树两侧各有一身飞天，体态轻盈，随着翻卷的彩云自由地飞舞。

佛座前放有香炉，两旁有两头狮子护卫，佛两侧绘一老一少二弟子，年老的弟子手持净瓶，年轻的弟子托钵，侍奉于两侧。

局部："美人菩萨"

再往外是两身菩萨，特别是画面左侧的胁侍菩萨形象最优美，有人称之为"美人菩萨"，因第57窟菩萨形象绘制得都十分优美，此窟也被称作"美人窟"。"美人菩萨"容貌清秀，肌肤白皙细腻，细眉垂目，头微微向左侧，双手与肩齐高，若有所思，体现出雍容高贵的美。化佛冠与身上佩戴的璎珞、披挂之上都贴金，原作乃用沥粉堆金而成，极尽衣饰绚丽、珠光宝气。

《弥勒说法图》 莫高窟第57窟 初唐
临摹方式：整理性临摹

《千手千眼观音图》

在佛教中，观音菩萨是西方极乐世界的教主阿弥陀佛座下的胁侍菩萨。千手千眼观音是观音菩萨的化身之一。观音菩萨随类化身而示现种种不同的身份，如送子观音、白衣观音、十一面观音、八臂观音、千手千眼观音等。千手表示遍护众生，千眼则表示遍观世间。

《千手千眼观音图》高 123.5 cm、宽 84.2 cm，为五代天福八年（943）铭，现藏于法国吉美博物馆。画面分为两部分，上部分中心有一圆，圆内观音头戴三角形化佛宝冠，结跏趺坐于大莲花上。以几十只手代表千手，除胸前两只手合掌、腹前两只手作"上品上生印"外，左右各有 20 余只大手，手中持有各种法器，如剑、符、三叉戟、如意、净瓶、念珠等，用于表示息灾、祈福等含义。周围有无数只小手组成观音的背光，每只手中央都画一只眼睛。观音四周绘制护法众生。下部分左侧绘手持香炉的女供养人，与之相对的为水月观音。中间为供养发愿文（左侧临摹品未写出）。

局部：女供养人手持香炉

◀ 《千手千眼观音图》绢画 莫高窟藏经洞 五代
　　临摹方式：客观性临摹

《千手千眼观音》

　　莫高窟第 3 窟是元代洞窟的代表，也是敦煌现存唯一以观音为主题的洞窟。

　　千手千眼观音是观音菩萨的化身之一。以菩萨为中心，层层叠叠的手组成一个大的同心圆，每只手中有一慈眼。

　　观音菩萨两侧画有吉祥天女和婆薮仙，吉祥天女衣染红白两色，婆薮仙则穿绿袍。左右下角分别画三头八臂金刚和三头六臂金刚，左右上角各有飞天一身，飞天托花蕾，乘云下降。

　　线描的运用是这幅千手千眼观音图的最大特点，达到了炉火纯青的地步。画师灵活运用了铁线描、折芦描、游丝描、丁头鼠尾描等线描技法，绘画技法极为精熟，线条流畅细腻，意蕴无穷。

　　铁线描，顾名思义，是特别有力量、特别有弹性的一种画法，如观音的面部、手、臂和足踝，就是用了这种画法。

《千手千眼观音》 莫高窟第 3 窟 元代
临摹方式：整理性临摹

《菩提树观音》

东千佛洞第2窟窟室后部、中心塔柱的北壁与南壁各绘一树下观音,观音体形优美,上穿"露脐装",下穿"超短裙",像穿越千年而来的前卫少女,与我们脑海中白衣飘飘、仙气十足的观音不同,被誉为中国古代"第一艳佛"。

《菩提树观音》位于南壁。菩提树观音身姿苗条修长,身赭黄色,扭转呈S形;眉眼弯曲,细唇薄嘴,略带微笑;着波罗冠饰,身佩耳珰、臂钏、手镯、长短项饰;身穿蓝色短袖紧身衣,白色贴体短裙,腿上隐约可见细密的菱格纹,具有明显的古格、古印度的艺术特点。

这里的"菩提树"要着重说一下。菩提树寓意觉悟,相传释迦牟尼就是在菩提树下觉悟成佛的,菩提树因此成了佛教四圣树 [※] 之一,至今许多寺庙仍种植这种树。唐朝高僧慧能(638—713)的佛偈更是脍炙人口:"菩提本无树,明镜亦非台,本来无一物,何处惹尘埃。"

◀ 《菩提树观音》 东千佛洞第2窟 西夏
　　临摹方式:客观性临摹

※　佛教源于佛祖释迦牟尼,相传佛祖降生于无忧树下、得道于菩提树下、涅槃于
娑罗树下、弟子首次结集于七叶树下,所以此四树又被称为佛教四圣树。

《娑罗树观音》

　　《娑罗树观音》位于东千佛洞北壁。娑罗树观音头戴单层镶嵌宝珠的三叶化佛冠，身赭黄色，两腿交错似行走状，身着绿色短衣，白色短裙，腿上也有菱格网纹，所佩项链、璎珞、手镯、臂钏、脚镯秀丽且精致。臀部靠着身旁倾斜生长的娑罗树，娑罗树花朵盛开，绿叶繁茂。娑罗树观音右臂上扬，曲向头部，轻握娑罗树枝，左臂下垂，手中净瓶瓶口朝下，正在倾倒甘露。手下方有三个饿鬼，其中一饿鬼肩荷另一饿鬼，在上者双手上举，张口吮接甘露，第三个呈跪姿，双手上扬，乞求甘露。

◀ 《娑罗树观音》 东千佛洞第 2 窟 西夏
　　临摹方式：客观性临摹

敦煌莫高窟地藏王菩萨

《披帽地藏菩萨十王图幡》

莫高窟藏经洞 北宋

临摹方式：客观性临摹

《披帽地藏菩萨十王图幡》

地藏菩萨，佛教四大菩萨[※]之一，因《地藏十轮经》中称其"安忍不动如大地，静虑深密如密藏"，故名地藏。相传其说法的道场在安徽九华山。

《披帽地藏菩萨十王图幡》绢画高 138cm、宽 54cm，现藏于法国吉美博物馆。地藏菩萨头戴饰金箔的黑色风帽，左手托摩尼珠，右手持金锡杖，身披田相纹袈裟，自在坐于束腰金刚座上，右脚盘屈，左脚垂踏莲台。

地藏菩萨左侧的四位判官，皆戴黑色幞帽，手中有案卷。座右侧道明和尚合拳侍立，座下蹲踞狮子。图下方绘有地府十王，面向地藏菩萨而立，九位立于图右下侧，均手执白笏，戴冕着袍，一位立于另一侧，身着铠甲，身后有二罗刹鬼。画面右上角绘善、恶二童子，携案卷乘云而来。整体绘画细节生动，色彩鲜艳，是北宋晚期绢画精品。

局部：地藏菩萨面相圆润，法相庄严

※ 佛教中四大菩萨，指的是观音菩萨、文殊菩萨、普贤菩萨、地藏菩萨这四位法力高深的菩萨。

《大势至菩萨》

　　在莫高窟第217窟西壁的龛外左侧画有大势至菩萨一身，右侧画有观音菩萨一身。阿弥陀佛的左右胁侍菩萨是大势至菩萨和观世音菩萨。此图为大势至菩萨。

　　大势至菩萨头戴宝冠，珠宝璎珞满身，透明纱巾绕腕垂于膝下，长裙覆足，凝神立于青莲之上。造型比例匀称，体态健美，面相丰腴，神情安详而微微俯视，似与观者在交流。菩萨身着棋格纹样锦裙，重彩叠晕，服饰华丽。人物肤色虽已变色，仍显出盛唐艺术的灿烂。

《大势至菩萨》
莫高窟第217窟　盛唐
临摹方式：整理性临摹

《托珠地藏菩萨像》

　　地藏菩萨慈眉善目，左手
二指相捻结印，右手托宝珠，
立于千叶青莲花上，色彩淡雅，
晕染柔和，线条流畅有力。

《托珠地藏菩萨像》
莫高窟第 45 窟　盛唐
临摹方式：整理性临摹

《普贤变》

　　榆林窟位于甘肃省酒泉市瓜州县城南 70 千米处的峡谷中。第 25 窟坐落在东崖中部唐窟群中，主室呈方形，前室横长方形，主室前壁门两侧分别绘文殊变、普贤变。文殊驾青狮，普贤乘白象。图中，普贤菩萨头顶华盖，仪态悠闲地坐在白象上，白象低垂着长鼻子，两耳下垂，一副温顺的样子，而驭象者则高举笤杖，正在驱赶着慢条斯理的大象。

▶《普贤变》
　　榆林窟第 25 窟 盛唐
　　临摹方式：整理性临摹

局部：双手合十的供养菩萨

41

《普贤菩萨赴会图》

　　普贤菩萨象征着理德、行德，与象征着智德、正德的文殊菩萨相对应，同为释迦牟尼佛的左、右胁侍。在莫高窟第 159 窟中，《文殊菩萨赴会图》与《普贤菩萨赴会图》分别绘于以释迦牟尼为主尊的佛龛外帐门两侧，场面宏大，是中唐时的佳作。

　　《普贤菩萨赴会图》画面中，普贤菩萨乘六牙白象，缓行于云端，且有昆仑奴导行，侍从菩萨、天龙八部等均朝一个方向行进，浩荡行伍，表现了正在赴会听法的途程。形态的描绘和色彩的应用都标志着中唐吐蕃时期的敦煌艺术已趋成熟。

◀ 《普贤菩萨赴会图》
　　莫高窟第 159 窟　中唐
　　临摹方式：整理性临摹

局部：乐伎奏乐的热闹场景

43

局部：文殊菩萨身旁的两侍者

《文殊变》

　　文殊菩萨头顶华丽的华盖，左手持如意，仪态悠闲地坐在狮子背上的宝座上。左右侍者面含微笑，持幡随行，文殊身后还跟随着一侍者，神情宁静。而文殊的坐骑狮子则大口张开，正在怒吼，象征着勇猛精进。牵狮的昆仑奴双腿岔开、双手使劲拽着缰绳，其紧张的神态与文殊菩萨的悠闲自如形成对照。

◀ 《文殊变》 榆林窟第 25 窟 中唐
　　临摹方式：整理性临摹

《文殊菩萨赴会图》

　　文殊菩萨头戴宝冠，发髻高隆，手执如意，面和目慈，蕴含笑意。图中的三身伎乐，各因司器不同而神态迥异。文殊菩萨身后的护法天神，怒目奋须，其中一身转首与身旁神将交谈，显出武夫憨直、不循礼规之状。身旁神将虬须飞动，"毛根出肉、力健有余"，具有吴道子一派的画风。

局部：一身护法天神转头与旁边神将交谈

《听法菩萨头像》 莫高窟第 217 窟 盛唐

临摹方式：整理性临摹

《听法菩萨头像》

  图为莫高窟第 217 窟西壁龛内一侧壁画的听法菩萨。此菩萨戴着华丽头冠，神情怡人，和悦安详。墨线勾勒准确有力，略施渲染，特别是两道秀眉，笔势飘逸，一挥而就，神韵天然。

《持莲供养菩萨》 洞窟不详 唐代

临摹方式：整理性临摹

《持莲供养菩萨》

供养菩萨神情虔恭文静，造型严谨细致，气质端庄典雅，充分展现了菩萨聆听讲法时的生动神情。人物造型饱满，特点突出，是唐代壁画中供养菩萨的典型形象之一。

《听法菩萨》

　　莫高窟第 272 窟建于十六国时期的北凉（397—460），是莫高窟开凿时间最早的三个洞窟之一。《听法菩萨》图中绘有上下四排 20 身小菩萨，每位菩萨表情不一，均为坐姿。手臂、手、腰和脚的动作都作舞蹈状，体现了听佛说法时欢欣热烈的场面。从身体姿态上看，听法菩萨们互相之间似有交流，彼此呼应，气氛很热烈，姿势优美，动态无一雷同，飘带在菩萨臂弯中轻盈地穿过，使整体画面气韵贯通，呈现出浑然一体的韵律美。

　　在修行层次上供养菩萨低于胁侍菩萨，是为佛陀和弘扬佛法作供养的菩萨，常画在佛座下面或胁侍菩萨、佛弟子的两边。供养菩萨的姿势有站、有坐、有蹲、有跪；形象众多，如献花、敬香、燃灯、持经、听法、禅定等。

　　供养菩萨不像胁侍菩萨有一定的法相和手印规定，可以任意创造形象，所以供养菩萨的形态和数量都比胁侍菩萨多。

局部：供养菩萨听佛说法的生动场景

《供养菩萨》

莫高窟第 401 窟开凿于隋代。此窟为平面方形，覆斗形顶，四披画千佛，南、西、北壁各开一龛。本图为北壁的供养菩萨。

图中共有两身供养菩萨。其中一身双手持长茎莲花，婀娜多姿。另一身菩萨头微倾，戴宝冠，长发垂肩，身姿微呈 S 形，斜挎天衣，足踏莲花；右手托玻璃宝珠盘，画面中可以清晰地看到玻璃的透明质感，左手轻轻提起薄纱飘带，嘴角含笑，体态轻盈，巾带飞扬，好像飘荡在无量无边的佛国世界。

《供养菩萨》 莫高窟第 401 窟 隋代
临摹方式：整理性临摹

敦煌莫高窟第七十一窟唐代思維菩薩

《思惟菩萨》

思惟菩萨属于供养菩萨，常以一手托腮、一手抚腿、头略低垂的姿势来表示菩萨深思悟道的状态。这幅画注重主次、疏密、浓淡关系，人物整体造型端稳静谧。几位菩萨头顶上都梳着高高的发髻，上面有宝冠；面相丰满圆润、眉眼清秀，每一位的神情姿态都不一样。

画面中最上面的一身思惟菩萨头戴宝冠，梳高髻，长发分披双肩，交脚趺坐于伏瓣莲上，身姿扭向一边，右手打着手印，眼望自己的手印，默默出神。

画面中部的一身思惟菩萨拥有一头宝蓝色长发，形容姣好，左手自然垂放腿上，右肘依托在右膝上，右手支颐沉思，显得随意轻松。

画面最下面两位菩萨，一位右手拈花，眼望鲜花含笑出神；另一位以结跏趺坐的姿势坐在莲花宝座上，双手合十，抬头望着前方，神情专注，很虔诚地在听法。

◀ 《思惟菩萨》 莫高窟第 71 窟 初唐
　　临摹方式：整理性临摹

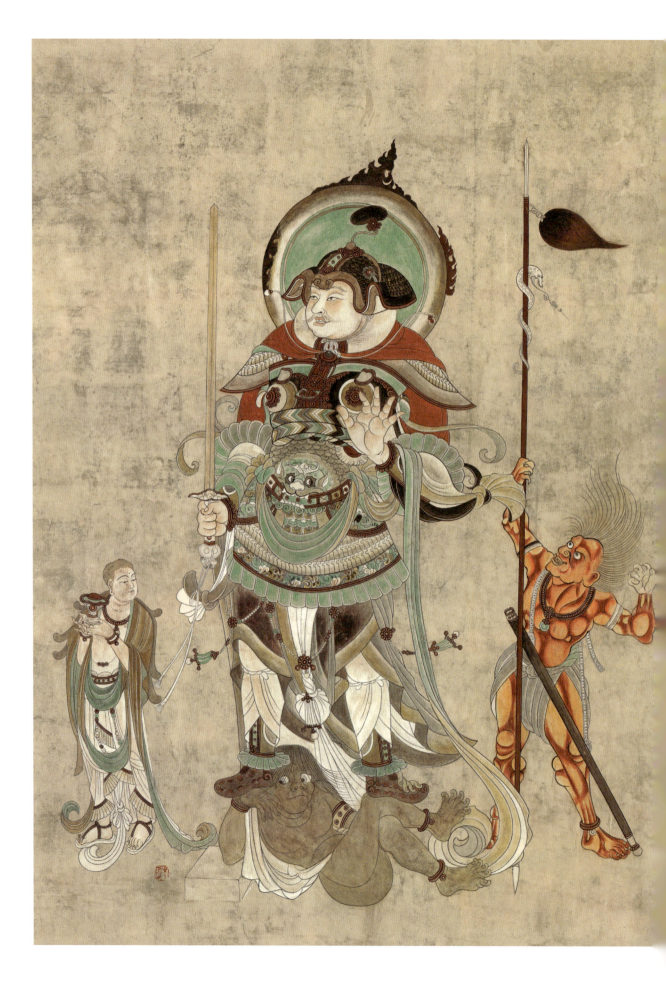

局部：南方天王手结印契

◀ 《南方增长天王》 榆林窟第 25 窟 中唐
临摹方式：整理性临摹

《南方增长天王》

　　榆林窟第 25 窟前室门两侧分别绘南方天王和北方天王。

　　佛教中有四位护法天神，分别是：东方持国天王、西方广目天王、南方增长天王、北方多闻天王，他们分别镇守着须弥山四周的东胜身洲、西牛贺洲、南瞻部洲和北俱罗洲，象征着风调雨顺。

　　南方天王，梵文音译为毗琉璃，意译为增长天王，是守护南方之天神。图中南方天王头戴盔帽，身穿战袍，右手持剑，左手扬掌，足下踩鬼，神情庄重。

局部：被压住的夜叉鬼拧眉瞪目，似动弹不得

《北方多闻天王》

　　北方天王，梵文音译为毗沙门，意译为多闻天王，是守护北方之天神。图中北方天王头戴宝冠，怒目圆睁，身着甲胄，左手托五柱空心塔，右手持三叉戟，座下压着两只夜叉鬼，身后跟随侍从。

◀《北方多闻天王》榆林窟第 25 窟　中唐
　　临摹方式：整理性临摹

《涅槃变》东千佛洞第 7 窟 西夏
临摹方式：客观性临摹

局部1：掩面而泣，形容哀伤的弟子

局部2：动物们也仰头望着释迦牟尼，关心、焦灼之态溢于神情

局部3：一弟子抚摸着释迦牟尼的脚，面露心疼

《涅槃变》

　　经变，又叫作变、变相。经变画，即用画像来解释某部佛经的思想内容，是佛画种类之一。广言之，凡依据佛经绘制的画作，皆可称为"变"。

　　释迦牟尼的树下诞生、降魔成道、初转法轮、涅槃入灭被称作"四相"。"涅槃变"描绘了佛教中释迦牟尼佛在圆寂（即涅槃）时的情景，是佛教艺术中常见的主题之一。

　　在西夏的壁画中，"涅槃变"通常被表现为一幅巨大的画面，以释迦牟尼佛为中心，周围环绕着各种人物和场景，如菩萨、弟子、护法神等，共同构成了一幅生动而庄重的佛教故事画卷。

　　此幅画面中有悼念释迦牟尼的八部圣众、七大弟子。画面下端为伎乐图像。壁画色彩以蓝绿色为主色调，人物神情描绘得细致入微，尤其融入了藏传佛教的绘画风格，呈现出更多元化的艺术风格。

《佛顶尊胜陀罗尼经变》 莫高窟第 217 窟 盛唐

临摹方式：客观性临摹

《佛顶尊胜陀罗尼经变》

《佛顶尊胜陀罗尼经》是中国佛教宗派密教（密宗）经典之一，以破地狱、灭罪著称。初唐时期开始在中国流行，并形成一股佛顶尊胜陀罗尼信仰风潮。盛唐时期，佛顶尊胜陀罗尼信仰开始传入敦煌，石窟造像中亦开始出现佛顶尊胜陀罗尼经变。

莫高窟第217窟是敦煌豪门——阴氏家族所建的功德窟，建窟时间约为唐朝神龙至景龙年间（705—709），即初、盛唐之交。晚唐、五代重修部分壁画，清朝重修塑像。

《佛顶尊胜陀罗尼经变》位于洞窟的南壁，画面的中央、下方、东侧是佛说法图和根据经文绘制的各种信仰该经的情节。画面西侧是佛陀波利史迹画，讲述《佛顶尊胜陀罗尼经》传入中国的神奇故事。本临摹图(左)截取的即西侧的画面，描绘了佛陀波利到五台山求拜文殊菩萨的场景。图中的红衣戴笠人格外显眼，他就是波利。

唐高宗仪凤元年（676），古印度的佛陀波利跋山涉水来到五台山参拜文殊菩萨。文殊菩萨化作老人点化佛陀波利返回印度把《佛顶尊胜陀罗尼经》带回中国。他自此加倍虔诚，立即转身回去取经，于唐朝永淳二年（683）到长安进献给唐朝皇帝。高宗皇帝听了欢喜不已，就派高僧日照三藏法师与波利合译这部经典。后世传说波利最后隐于五台山的金刚窟。

局部2：一比丘执经卷而读，七比丘坐听。画面代表《佛顶尊胜陀罗尼经》的传播

局部1：佛陀波利返回印度取《佛顶尊胜陀罗尼经》

图中险峻的山峰层层叠叠，主峰下有侧峰，崖体上长满了各种植物，山头有树林，岩石上垂下青藤。远山渐小，具有一种深远的空间透视感。这些山水以线条勾勒轮廓，青绿重彩，极有可能就是画史上记载的青绿山水画法。

《药师经变》 莫高窟第 220 窟 初唐
临摹方式：整理性临摹

《药师经变》

莫高窟第 220 窟始建于唐贞观十六年（642），是敦煌名门望族翟氏家族出资建造的，因其鲜明的中原绘画风格而被称为"传奇石窟"。窟里的每幅壁画都可称为上乘之作，正如敦煌研究院第一任院长常书鸿先生所说，220 窟的壁画"构图设色都不亚于意大利文艺复兴时期的教堂装饰绘画"。本部分要讲的《药师经变》即取自第 220 窟北壁的巨幅壁画。其构图完整，精美绝伦，气势恢宏，形象生动地描绘了东方药师净土世界的富丽繁华，歌舞升平。

在婆娑世界的东方，有一处佛土，名为净琉璃世界，由药师佛主管。此处有七位佛尊传道讲经，被称为"七佛药师"。据说我们在夜空中看到的北斗七星，其实就是药师七佛在天空中的示现。

上图画面以七佛药师为主体。在莲池中的双色琉璃宝台之上，七佛药师分别站立于莲花台之上，姿势和表情各不相同，有的结手印，有的持宝物或念珠或药钵，两侧分立着菩萨，造型栩栩如生，精雕细琢。七佛药师上方绘有华盖，飞天穿梭其间。宝台两侧是十二药叉神将，身着甲胄，头戴宝冠，宝冠上饰以动物肖像，现在依稀可辨的有蛇、兔等动物，对应着十二生肖。

局部1：药师佛身后的菩萨，文静矜持

局部 2：宝台边，画面左侧的神将与供养菩萨，生动活泼

局部 3：宝台边，画面右侧的神将与供养菩萨，各具神态

局部1：月轮内的月光菩萨坐在五鹅上，五鹅双翅欲展，生动有趣

局部2：位于日轮中的日光菩萨双手合掌，乘五马。五马呈卧姿，形象生动

局部3：金刚舞菩萨，双手上下舞动，手姿优美

局部4：金刚嬉菩萨头微右倾，两肘外张，双手握拳置于腰间，姿态柔中带刚

《千手千钵文殊菩萨经变》

位于画面中央的文殊菩萨，戴化佛冠，面部造型优美，神情慈祥亲切，千手托钵，部分钵中有释迦佛像。文殊菩萨结跏趺坐在双龙缠绕的须弥山顶的莲花座上，周围环绕金刚舞菩萨和金刚嬉菩萨、日光菩萨和月光菩萨、婆薮仙、功德天、二夜叉、二龙王等眷属。整幅经变画面构图紧凑，画风细腻，用笔精道，是中唐时期的佳作。

《千手千钵文殊菩萨经变》 莫高窟第144窟 中唐
临摹方式：整理性临摹

《如意轮观音经变》

　　如意轮观音是观音菩萨的化身之一，手持如意宝珠和宝轮。头戴化佛冠，六臂。头稍右倾，颇具动感，头部和身上有背光，上方有飞天环绕的大华盖，华盖下面有三身小坐佛。观音两侧画四大天王及众胁侍菩萨和供养菩萨。整体人物配置尊卑有序，描绘庄重、细腻。

《如意轮观音经变》 莫高窟第 14 窟　晚唐
临摹方式：整理性临摹

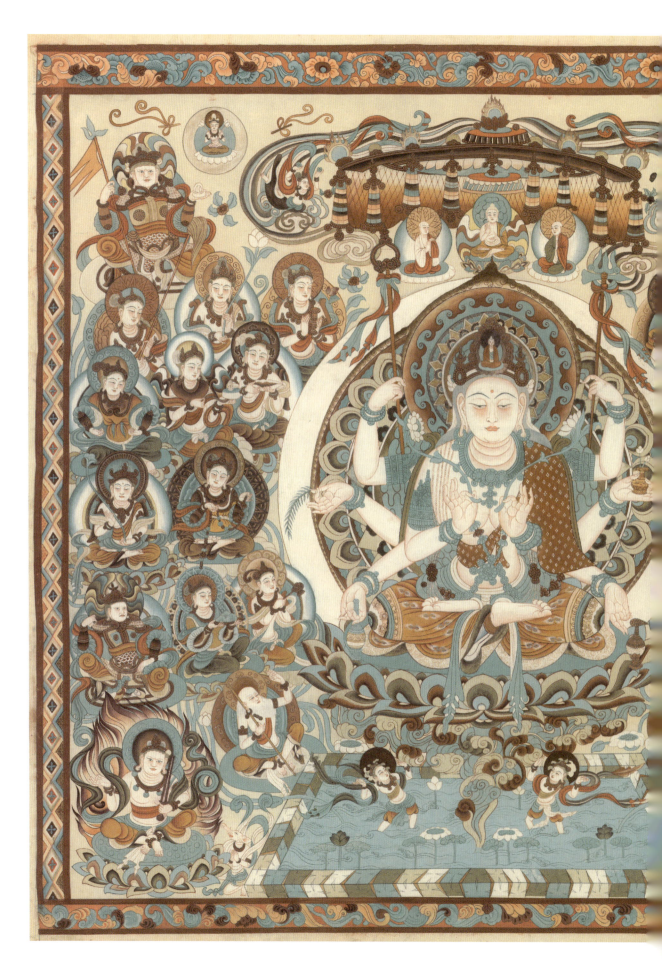

《不空胃索观音经变》

　　不空胃索观音是观音菩萨的化身之一，在佛教中象征观音以慈悲的胃索将苦难的众生接引到身旁救度。"不空"，是指心愿不空。画面中的观音为一面八臂，头戴化佛冠，左肩披鹿皮衣，头部上方悬流苏华盖。整体画面繁复细腻，华丽庄严。

《不空胃索观音经变》 莫高窟第14窟 晚唐
临摹方式：整理性临摹

《观无量寿经变》 榆林窟第 25 窟 唐代

临摹方式：整理性临摹

《观无量寿经变》

　　榆林窟第 25 窟南壁的《观无量寿
经变》，是经变画中的精品，是敦煌
壁画艺术公认的代表作之一。

　　《观无量寿经变》是根据净土宗
五经之一的《观无量寿佛经》绘制的。
无量寿佛或无量佛即阿弥陀佛，是西
方净土世界的教主。在净土世界中，
殿宇巍峨，宝树成行，百鸟和鸣，七
宝池环绕四周。主尊无量寿佛结跏趺
坐于金刚宝座上。观音菩萨和大势至
菩萨作为两大胁侍菩萨分列左右，供
养菩萨四面环绕，生动表现了佛教的
净土世界。

局部 1：乐舞图

　　下部平台上为九人乐舞图。正中央舞伎体态丰腴，击鼓踏足，翩翩起舞。分列两侧的乐队分别演奏着拍板、排箫、横笛、箫、琵琶、笙、筚篥、法螺等乐器。在舞伎身边还有一身迦陵频伽在弹奏琵琶，神情专注。

局部 2：迦陵频伽（左）

迦陵频伽即妙音鸟，是佛国世界里的一种神鸟。其形象常是人首鸟身，形似仙鹤，彩色羽毛，翅膀张开，两腿细长，头戴童子冠或菩萨冠。其中有部分持乐器或作舞者，称为迦陵鸟乐伎。画为双首鸟身的迦陵鸟，佛经称之为"共命鸟"。图中站在一边的孔雀亮翅回头观看，似乎也被美妙的音乐所吸引。

局部 3：画面左侧，大势至菩萨下方
的听法菩萨做交流状

局部 4：画面左侧，七宝池殿前的平台上，四位伎乐天人在专
注地演奏

局部 5：画面右侧，观世音菩萨下方的听法菩萨支颐展颜，似在品悟妙法

局部1：童子手捧莲花而来

局部2：鱼戏云海波涛之间

◀ 《文殊变》 榆林窟第3窟 西夏
　　临摹方式：整理性临摹

《文殊变》

　　榆林窟第3窟的山水画是敦煌壁画中山水画的代表作之一。位于西壁的《文殊变》和《普贤变》两幅图中的背景水墨山水画，绘制精美，场面宏大，非常引人注目。

　　《文殊变》的山水展现的是文殊菩萨的道场五台山。画面上部山川秀丽，寺庙楼宇隐现于环山烟云之中。文殊菩萨手持如意，半跏坐在青狮背上的莲花宝座中，形象丰腴俊雅、坚毅沉静。在诸圣众、侍从的簇拥下，行进在山峦云海中。

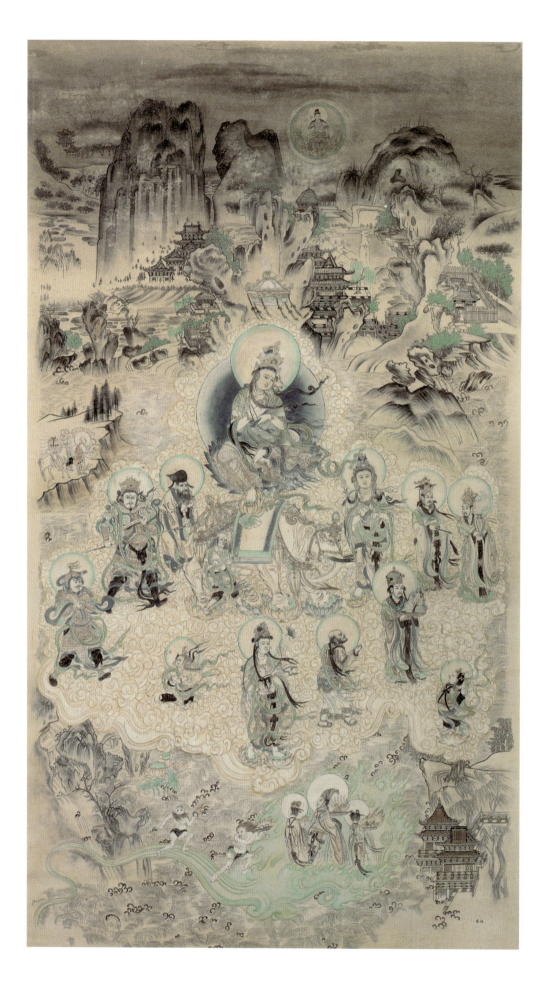

《普贤变》

　　《普贤变》图中上部分的山水描绘了普贤菩萨的道场峨眉山，山峰层峦叠嶂，亭台楼阁错落有致，人物置于山水之中，画卷气势磅礴，情景交融，和谐统一。

　　普贤菩萨手执梵箧坐于六牙白象之上，象奴双手紧握缰绳用力拉曳着白象。梵天、天王、菩萨、罗汉以及十几位圣众跟随在普贤菩萨周围，衣袖随风飘扬，一同行走在波涛滚滚的云海之上。

局部：玄奘取经的场景

　　更值一提的是，《普贤变》中还出现了目前已知年代最早的"玄奘取经图"之一。榆林窟所在的瓜州，是玄奘西行取经当年出关的重要地方。图中，玄奘师徒二人和白龙马立于河岸边。玄奘合掌对普贤菩萨朝拜。猴脸徒弟双手合十，仰面膜拜普贤。白龙马上的莲花宝座里放着一个包袱，应该是佛经，这是玄奘师徒完成取经拜别菩萨，回到大唐的场景。

◀ 《普贤变》
　　榆林窟第 3 窟　西夏
　　临摹方式：整理性临摹

《十一面观音菩萨经变》 莫高窟第 334 窟 初唐

临摹方式：整理性临摹

《十一面观音菩萨经变》

　　此图大致依据唐代高僧玄奘法师所译《十一面神咒心经》绘制。玄奘是我国历史上著名的僧人，对佛教文化的传播与发展做出了巨大贡献。敦煌石窟中保存有不少依据玄奘所译的经典绘制的壁画。

　　十一面观音是观音菩萨的化身之一。观音菩萨的十一面叠头如塔，头光和背光均呈椭圆形。其面相慈祥，最上一面为佛面，菩萨头戴宝冠，主面宝冠上有绘制坐佛像。右手在胸前施无畏印，左手置于左膝上作与愿印，结跏趺坐在水池间生出的莲花上。

《鹿王本生图》 莫高窟第257窟 北魏
临摹方式：客观性临摹

《鹿王本生图》

  佛的本生故事画是敦煌壁画题材之一。本生故事指佛教创始者释迦牟尼成佛前行善事的事迹，故事中释迦牟尼常降生为各种圣人贤者、仁禽义兽，最终修成正果，成为佛陀。《鹿王本生图》展现的便是释迦牟尼前世转生为九色鹿王行善的神迹。

  《鹿王本生图》创作于距今1500多年前的北魏时期，全图高0.96 m，长达3.85 m。这组壁画曾由上海美术制片厂制作成动画片，可谓家喻户晓。《鹿王本生图》主要讲述了释迦牟尼的前身——一只美丽的九色鹿，救了一个落水将要淹死的人反被此人出卖的故事，堪称敦煌版的"农夫与蛇"。

  这幅画面主要以横卷式的构图展开，采用连环画的形式巧妙地表现了本生故事的情节，按两头开始、中间结束的特殊顺序布局绘制。画面左侧描绘九色鹿不顾安危救起溺水人，获救后的溺水者感激万分，长跪致谢并发誓不泄露九色鹿的行踪。右侧描绘王后梦见九色鹿，要求国王捕捉九色鹿，要用鹿皮做衣服。国王布告悬赏，溺水人见利忘义，到宫廷告密，并引国王军队去树林捉九色鹿。左、右两组情节交会在画面的中心，便是故事的高潮部分——九色鹿与国王的对话。九色鹿毫无畏惧，向国王诉说了溺水人忘恩负义的经过。国王深受感动，放了九色鹿，并下令全国保护这只美丽的九色鹿。落水人因违背了自己的誓言，口吐白沫、全身生疮而死。

  画面将人物行动的趋向和故事的主要情节紧密地衔接起来，使画面空间与故事时间进行了巧妙的结合，画面色彩浓重，富有装饰之美，是中国早期艺术史上的经典之作。如同故事中九色鹿的诉说一样，一千多年过去了，它还在提醒世人关注善与恶、罪与罚的永恒命题。

溺水人跪地向九色鹿谢恩

九色鹿救起溺水人

王后要国王捉鹿。

溺水人告密

国王率军捉鹿

九色鹿向国王控诉溺水人

《鹿王本生图》局部

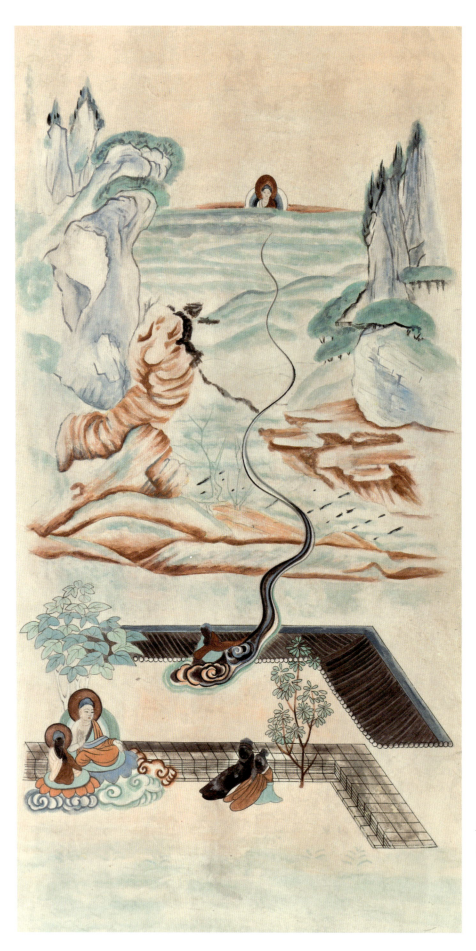

《未生怨》局部
莫高窟第 320 窟 盛唐
临摹方式：整理性临摹

《未生怨》

莫高窟第320窟是盛唐的代表窟之一。"未生怨"是观无量寿经变里的主要故事画，左图画面为该画作的局部，是其中的一个场景。画面用赭石画山石，青绿画植被，未用墨线勾勒，画面层次丰富，庄重素雅。

"未生怨"讲了一个因果报应的故事。古印度王舍城的国王频婆娑罗王年老无子，非常着急，便请来相师算命。相师告诉国王，山中有一修行人，死后会来投胎。国王求子心切，安排手下断绝了修行人进出山的道路，修行人被饿死。国王苦苦等待时日，仍不见王后有孕，又请来相师算命。相师说，修行人投生的时候还未到，现在化为白兔了。国王派人到山林围捕了所有的白兔，并用铁钉钉死。不久，王后果然有孕，生下后取名阿阇世，意译"未生怨"。

由于是老年得子，国王和王后非常宠爱王子。阿阇世长大成人后，一日听信恶友的谗言，心生恶念，发动政变，篡夺了王位，将其父频婆娑罗王幽闭于七重深牢，并断绝食物，欲将其饿死。

王后韦提希惦念国王，以探监的名义去见他，将蜜和面涂在身体上，葡萄汁灌在璎珞中，偷偷带给国王充饥。国王食用了蜜、面和葡萄汁，二十一天后安然无恙，阿阇世感觉事情蹊跷，便让人暗中查看。当阿阇世知道是母亲所为后，盛怒异常，当即钉死了父王，并持剑欲弑母。在两位大臣的苦劝下，才放弃了杀母，改为囚禁。韦提希被幽禁后，百转愁肠，终日憔悴，只好向佛祈福，释迦牟尼和目犍连、阿难两位弟子现身王宫，为其讲述过去和现在的因缘。

《狩猎图》 莫高窟第 249 窟 西魏

临摹方式：整理性临摹

《狩猎图》

　　这幅是莫高窟最有代表性的狩猎图，绘于距今1400多年前的西魏时期，展现了古代西北地区的游牧生活和狩猎文化，是研究当时社会风貌的重要遗产。

　　画面生动地表现了连绵的山峦中猎人正策马奔腾，一个猎人正在急转身躯拉弓射向后面的猛虎，一个猎人正在追逐三只黄羊。整体画面笔势连贯，气韵流动，凸显了色彩与线条的绘画张力。

《张骞出使西域图》局部 莫高窟第 323 窟 初唐
临摹方式：整理性临摹

《张骞出使西域图》

张骞是中国汉代杰出的外交家、探险家，丝绸之路的开拓者，打通了汉朝通往西域的南北道路，即赫赫有名的丝绸之路，汉武帝以军功封其为博望侯。

《张骞出使西域图》展示的故事是，汉朝打败匈奴后，汉武帝因获两尊不知名号的匈奴祭天金像，

因而派遣张骞出使西域大夏国寻访金像的来历。张骞出使西域为开辟丝绸之路作出了巨大的贡献，实际与金像并无关系，这是佛教徒从史实衍生出来的故事。

这个画面的榜题写道："前汉中宗既获金人，莫知名号，乃使博望侯张骞往西域大夏国问名号时。"汉武帝骑在马上，左右臣属八人，一人手持曲柄华盖。张骞持笏跪拜辞别，后有从者持节牵马。画面运用综合的表现手法，既体现了远景的苍茫，也描绘出人物在画面中的动态特点，生动地再现了当时的情景画面。

《弥勒经变之剃度图》 莫高窟第 445 窟 盛唐
临摹方式：整理性临摹

局部 1：贵族女子剃度图

《弥勒经变之剃度图》

　　围屏内，一位尼姑正在为一女子剃度，一位头梳双垂髻的红衣侍女，端着盘，
盘中是前面剃度者剃下的头发，旁边是一群等待剃度的女子。

敦煌存有大量唐代弥勒图像。说起弥勒佛，大家眼前肯定会浮现出大肚滚圆、眉开眼笑的形象。虽然他叫弥勒佛，但他并不是佛，弥勒佛又叫作弥勒菩萨摩诃萨，而弥勒也来自梵文，是"慈爱"的意思。

弥勒经变反映了弥勒经文的具体内容，如剃度、三会、一种七收等。画面中描绘的是不同身份的男子、妇女剃度的场面，画面中的人物表情各异，灵动鲜活地展示了唐代寺院僧人剃度的情景，为历史研究提供了珍贵的图像资料。

局部2：贵族男子剃度图

僧人正在为坐着的男子剃发，侍者跪地端着盘子，盘中是剃下的头发。一僧人展开一件袈裟，正在往右边观望。

《五百强盗成佛图》 莫高窟第 285 窟 西魏
临摹方式：整理性临摹

局部 1：五百强盗与官兵交战

《五百强盗成佛图》

莫高窟第 285 窟南侧的壁画，绘制了五百强盗放下屠刀，立地成佛的故事，这也是大家熟悉的五百罗汉的来历。

故事大意为：相传在古印度憍萨罗国，有五百※个强盗，杀人放火无恶不作，于是国王派兵前去镇压，强盗战败被俘，受剜眼酷刑后被丢弃在深山老林。强盗在深山中痛苦不堪，大声呼救。这时佛大发慈悲，把香山药吹到强盗们的双眼里，使其重见光明，并为强盗现身说法，使五百强盗觉醒并皈依佛门。很多年后，当年的五百强盗修成正果，成为五百罗汉。

从左至右，壁画以连环画的形式
展开故事情节，描绘了整个故事的全
景，共有六个场面：五百强盗与官兵
作战、强盗被俘受剜眼酷刑、被放逐
深山、佛祖用香药医其眼、佛祖说法、
强盗隐居山林出家修行。

画面中建筑物和自然景致既是故
事不同画面的分界线，又是串联全部
场景环境的纽带。

局部2：强盗被俘，并被施以酷刑

※ 这里的"五百"在古印度语系中是一
个虚指，不是实数，是形容很多的意思。

局部3：佛祖说法

《回鹘王礼佛供养像》

人们在惊叹敦煌莫高窟的洞窟之多，壁画之精美，塑像之丰富之余，总会提出一个问题：这些洞窟都是什么人主持建造的？其实，在洞窟内就可以找到答案，就是壁画上的供养人画像。

供养人，就是莫高窟的窟主和建造者，即出资出力修建石窟造像的施主和捐助者，包括当时社会上各阶层、各民族的佛教信仰者，既有帝王将相、高官显贵、僧界大德，也有一般平民百姓；既有汉族子民，也有匈奴、鲜卑、吐蕃、回鹘、于阗、党项、蒙古等少数民族和部族。

为了表示虔诚、留记功德，在绘画或雕像的边角或者侧面画上或雕刻自己和亲眷以及侍从奴仆等人的肖像，这些肖像被称为供养人画像，从中可以窥见千年前的情形，对历史研究有很大的参考意义。

莫高窟第 409 窟开凿于五代时期，回鹘时期和清代重修过。窟东壁门两侧绘供养人像，一侧为回鹘王礼佛供养像。

画面中回鹘王面庞圆润，柳眉细眼，身着团龙纹长袍，窄袖，下穿长勒靴。他手持供养香炉，上方烟云袅袅。前面立一少年，衣服与前者相同，只是长袍没有图案，似为王子。后面跟随八身侍从，头戴平顶扇形帽，身着大褶衣。

◀ 《回鹘王礼佛供养像》 莫高窟第 409 窟 五代
临摹方式：整理性临摹

103

飞天、乐舞

《伎乐天》 莫高窟第 85 窟 晚唐

临摹方式：客观性临摹

《伎乐天》

莫高窟第 85 窟是归义军第二任河西都僧统翟法荣营建的功德窟，开凿于唐咸通三年（862），至咸通八年（867）完成，规模宏伟，保存完整，为晚唐大型窟之一。

《伎乐天》出自石窟北壁思益经变乐舞中的画面。伎乐天是佛教中负责演奏音乐的诸天之一，属于佛教神话体系中的香音神，指持有乐器的飞天。伎乐飞天作为飞天的一部分，在飞天壁画中占有很大比重。伎乐天奏乐、歌舞以娱佛，是佛教中欢乐吉祥的象征。

图中展现了热闹的舞乐场面，花毯上舞伎手挥丝绸长带，翩翩起舞，两侧 16 人组成大型的乐队在伴奏，欢快热烈。

《观无量寿经变之反弹琵琶乐舞图》 莫高窟第 112 窟 中唐

临摹方式：整理性临摹

《观无量寿经变之反弹琵琶乐舞图》

第 112 窟是莫高窟的代表洞窟之一，建于吐蕃统治敦煌的中唐时期。此窟为小型殿堂窟，但它又是一个名窟，原因就是在这方小小的洞窟里，藏了一幅极为著名的《反弹琵琶乐舞图》。

这幅画面是盛唐、中唐之际的代表作，也是莫高窟描绘音乐舞蹈场面最丰富的洞窟之一。反弹琵琶伎乐天将琵琶反背身后，踏足而舞，舞带飘逸，神情自然。最特别的是她双脚拇指跷起似在晃动，应和节拍，有印度舞蹈的痕迹。整幅画面人物形态丰腴饱满，线条写实、明快、流畅、灵动。

局部 1：供养菩萨姿态各异

局部 2：画面右侧的乐队三人在演奏着箜篌、阮咸和琵琶

局部 3：反弹琵琶的伎乐天身姿婀娜、步态灵动

《乐舞图》莫高窟第 220 窟 初唐

临摹方式：整理性临摹

局部 1：乐人的肤色不同，演奏着中原与西
域的乐器

《乐舞图》

　　此幅《乐舞图》是《药师经变》中规模巨大的舞乐场面，是莫高窟唐代壁画中最具代表性的乐舞图之一，表现佛国世界伎乐天奏乐、歌舞的场景。琉璃宝地上乐队奏着仙乐，舞者跳着胡旋舞，欢快地旋转。

局部2：画面右侧的一组舞伎头戴山形冠，上身赤裸，下身素裹白裙，双臂平举，做飘洒飞舞之姿，脑后的多条长辫随之飞扬

两侧乐队共有 28 人，左侧 15 人，右侧 13 人，分坐在两块方毯下，乐人肤色各有不同，演奏着中原汉民族的乐器、西域少数民族的打击乐、吹奏乐等。舞台正中央，两组舞伎共 4 人在灯火辉煌中翩翩起舞，一组素裹白裙，展臂挥巾，绺发飘扬，似在旋转；一组穿锦衣石榴裙，举臂提脚，纵横腾踏，被认为是流行于唐朝的胡旋舞。

胡旋舞是唐代最为盛行的一种民族舞蹈，是经西域康居传入中原的旋转性民间舞，其最显著的特点是节拍鲜明、左旋右转、急速如风。据说杨贵妃的胡旋舞跳得极为出色，舞衣轻盈，无与伦比，令唐玄宗为之倾倒。白居易、元稹等大唐诗人也都为胡旋舞写过诗篇，如白居易诗云："胡旋女，胡旋女。心应弦，手应鼓。弦鼓一声双袖举，回雪飘飖转蓬舞。左旋右旋不知疲，千匝万周无已时。人间物类无可比，奔车轮缓旋风迟。"

局部3：画面左侧的一组舞伎上着紧身窄衣，下着百褶长裙或裤，身披绕背长巾，两人相背而舞，做"提襟亮相"之姿，英气勃勃

《华盖与四飞天》 莫高窟第 320 窟 盛唐

临摹方式：整理性临摹

《华盖与四飞天》

　　莫高窟第 320 窟是盛唐的代表窟之一。华盖在古代是一种常用的体现世俗政权等级威严的仪仗器物。在宗教艺术中，主尊头上出现华盖，表示主尊同样拥有人间最尊崇的威仪。在敦煌莫高窟壁画中，华盖的种类是非常多的，比如常见的有莲花华盖、法华华盖、宝伞、宝盖等。图中的华盖为阿弥陀佛头顶的华盖。

　　华盖上方有四身散花飞天，四身飞天两两对称，前者回首顾盼，扬手散花，后者举臂腾飞，身材婀娜多姿，周围流云飞动，花雨纷落，充满欢乐的气氛。此幅画为敦煌壁画中飞天的上乘之作。四飞天展现出繁荣的大唐气象。

《飞天》 榆林窟第 10 窟 西夏
临摹方式：整理性临摹

《飞天》

  敦煌壁画中的飞天，以其独特的飞翔姿态和优美的线条，成为中国佛教艺术中的经典形象。飞天是指佛教诸天，是地位略低于菩萨的天人。他们常常在佛讲经说法时从天空中散花，或歌舞奏乐。在莫高窟 492 个洞窟中，有 270 个洞窟绘有飞天，共 4500 多身，加上榆林窟和东、西千佛洞，总计近 6000 身。飞天的形象贯穿了整个敦煌石窟的发展过程。

  飞天的种类繁多，有伎乐飞天、散花飞天、莲花飞天、祥云飞天等，他们或单或双或成群，裙裾飞扬，婀娜多姿。成语"天女散花""天花乱坠"就来源于此。

  上图中的四身飞天，左面两身飞天相背而坐，一身吹笙，一身拍打腰鼓；右面两身飞天相对而坐，其中一身左手持手鼓，右手持鼓槌打击，最右侧一身向后仰身，吹奏竖笛。本图生动地再现了乐舞的热闹场面。

局部：一身飞天在吹笙

《伎乐飞天》 莫高窟第329窟 初唐

临摹方式：整理性临摹

《伎乐飞天》

　　此画面为莫高窟第 329 窟西壁龛顶绘出佛传故事"乘象入胎"中的飞天画面。"乘象入胎"讲的是佛母摩耶夫人梦见菩萨乘象而来，从她的右肋进入腹部，而后佛母受孕诞下佛陀的故事。

　　临摹画面截取了四身飞天，一身双手捧花盘，其他三身分别演奏琵琶、笙和方响，姿态优美轻盈。他们的佩带在空中飞舞，四周弥漫着流云和鲜花，整体呈现出热烈欢快的气氛。

《凤首琴伎乐飞天》 榆林窟第15窟 中唐

临摹方式：整理性临摹

《凤首琴伎乐飞天》

　　榆林窟第15窟是中唐时期开凿的，主室为覆斗顶。顶部的南北两侧各保存了一身非常漂亮的飞天，北侧的为凤首琴伎乐飞天。画面上的飞天头戴金色宝冠，手执凤首弯琴，腾空而飞，帔带与彩裙似随奏乐波动飞舞，增强了整个画面的动感。

《吹横笛飞天》 榆林窟第15窟 中唐

临摹方式：整理性临摹

《吹横笛飞天》

　　窟顶南端的吹横笛飞天躯体丰腴，配饰典丽，长巾随风卷扬，侧身吹笛神情专注，尽显飞天的悠闲自在。画面描绘精致，色彩素雅。

藻井

中国古建筑学家罗哲文在其著作《中国古代建筑》一书中定义藻井："藻井是天花向上凹进为穹窿状的东西，用在寺庙中神佛主像上方或者宫殿中帝王宝座的上方。""藻井"一词，最早见于汉代张衡的《西京赋》"蒂倒茄与藻井，披红葩之狎猎"。在汉魏时期，建筑中就出现了"藻井"这一内檐装修形式。在中国传统木构建筑中，藻井不仅具有装饰美化作用，在容易失火的木构件上绘以水生植物变形花纹，具有防火的寓意，暗合五行学说中火克木、水克火的观念。

敦煌石窟中，藻井是对洞窟顶部的一种装饰，简化了中国传统古建筑层层叠木藻井的结构，中心向上凸起，四面为斜坡，成为下大顶小的倒置斗形，也符合中国古代"天圆地方"的理念。让人欣慰的是，由于敦煌石窟中藻井高踞石窟顶部，因此受自然风化和人为损坏较少。莫高窟现存有壁画、塑像的492个洞窟中，保存完好的藻井图案约有420余个，如果加上平棋图案，其数在千余个，莫高窟是目前世界上保存藻井图案最多的石窟。其绘制十分精致，图案与色彩完美融合，令人叹为观止。可以说想了解敦煌，藻井也是一门必修课。

从北朝到元代，藻井图案随敦煌石窟的兴衰而演变，呈现出不同的时代特色。在敦煌石窟艺术的初发期——北朝，藻井图案纹饰种类较少，组合简单，简洁鲜明。人字披图案是北朝图案中最富于变化的部分。到了隋代，敦煌藻井吸取了中原传统文化艺术风格与新引入的西亚风格，其形象秀丽纤巧，造型活泼自由。唐代藻井色彩华丽，纹样多、花色新，千变万化，纹色双绝。从五代到西夏，敦煌藻井延续着晚唐纹饰的丰富与饱满，但色彩渐近清冷，程式化明显，个性减退，生动的气韵渐渐淡去。元代，随着藻井图案色彩的明显简淡，以满工铺地工艺展现纹样与颜色的布列，代表元代风貌。元代以后，敦煌石窟渐渐衰落，藻井图案也就随之湮没窟中。

《莲花化生藻井》 莫高窟第 314 窟 隋代
临摹方式：整理性临摹

《忍冬莲花平棋》 莫高窟第 249 窟 北魏

临摹方式：整理性临摹

　　平棋即平綦，是传统木构建筑中以木条结成的连续方井，在其上覆盖以稍大的木板，板下施彩绘。敦煌石窟内的平棋是平顶彩画天花板。这幅平棋图案主要由莲花纹、火焰纹和忍冬纹样构成。早期的平棋图案凸显了对称原则，整体造型简练概括，使中原式殿堂平棋构架与西域式的佛教纹样得到完美组合。

《双凤联泉平棋》 榆林窟第 10 窟 西夏 / 元代

临摹方式：整理性临摹

  此幅平棋中心圆环内是双凤回旋飞翔的图案，以浓郁明亮的石黄色与白色呼应，在素淡中跳脱出一抹亮色。四周以经典的圆环套联纹（亦称联泉纹，因形似古钱得名，东汉时称钱为"泉"）构成，此纹样在《营造法式》中也被称为"四斜毬路纹"，是西夏时期的典型图案。

《宝池飞天平棋》 莫高窟第 257 窟 北魏

临摹方式：整理性临摹

　　此幅平棋四角饰以飞天空灵生动，在平棋中心的方格中间画了一宝池，四位裸体天人在游泳嬉戏，池中荷花蔓生。用笔虽然简略，但具有极强的动感。

《平瓣莲花纹藻井》 莫高窟第 386 窟 初唐

临摹方式：整理性临摹

　　此幅平棋以八瓣莲花平铺作为藻井中心图案，外围是联珠纹饰。半圆状纹饰及内弧状的三角垂幔，秀丽清新，继承了隋代的经典样式，同时也使初唐的藻井形成了新的风貌。

　　此幅平棋在四层莲花中心绘制了三只追逐奔跑的兔子。画师巧妙地将每只兔子的两只耳朵中的一只重叠，看似三只兔子只有三只耳朵，但无论从哪个角度看，每只兔子都有两只耳朵。八身飞天环绕莲花飞翔，四周绘以多层的菱格莲花纹和垂幔的边饰纹样。纹样丰富，意境新颖，富有韵律。

《三兔飞天藻井》 莫高窟第 407 窟 隋代
临摹方式：整理性临摹

《葡萄石榴藻井》 莫高窟第209窟 初唐

临摹方式：整理性临摹

  此幅藻井中心以葡萄纹、石榴纹为主要的构成元素，藤蔓交错，打破了以莲花为主的藻井图案形式，中心纹样呈"十"字形，两组对称以"十"字相连呈"米"字构架，整体图案充满异域风格。此类藻井数量不多，是莫高窟初唐前期的代表藻井，展现了初唐全新的外来风貌。

  葡萄纹有两种，一种是写实型，葡萄颗粒累累，如上图莫高窟第209窟中的葡萄纹样；另一种是写意型，例如"品"字形，是一片三弧小叶，多重叠垒，叶片上层层小弧线，恰如串串葡萄颗粒。在应用中，两种葡萄纹或单用一种，或两种相间。

《四方莲花藻井》 莫高窟第 120 窟 盛唐

临摹方式：整理性临摹

　　此幅藻井中心为大片桃形花瓣，四周绘几何图案与百草花纹，整体层次与细节丰富，节奏有序。

　　此幅藻井中心的团花外周由八朵带蒂的花朵与八朵小花瓣构
成，里层有八朵卷云纹形大花瓣。边饰由联珠、卷草、半团花纹
样构成。整体结构独特，色彩鲜明，与通常的藻井图案有所不同。

《莲花纹藻井》 莫高窟第 321 窟 初唐
临摹方式：整理性临摹

　　此幅藻井中心绘制重瓣小莲花，外层由八个桃形瓣与内卷云纹组成，边饰以多枝大叶卷草纹、龟甲纹、菱格纹和回纹构成。纹样繁复，绚丽多姿。

《叶形瓣团花纹藻井》 莫高窟第 31 窟 盛唐
临摹方式：整理性临摹

《凤鸟卷草莲花藻井》 东千佛洞第 2 窟 西夏
临摹方式：整理性临摹

局部：大团花、满装饰的方式
是西夏民族的审美风格特点

　　此处的卷草莲花纹，以大团花头为主，周围连接以自由舒展的卷草，层次
分明，满壁生彩。主要用色为蓝、绿、白，整体为偏冷调的"西夏绿"。

一线一描摹

敦煌

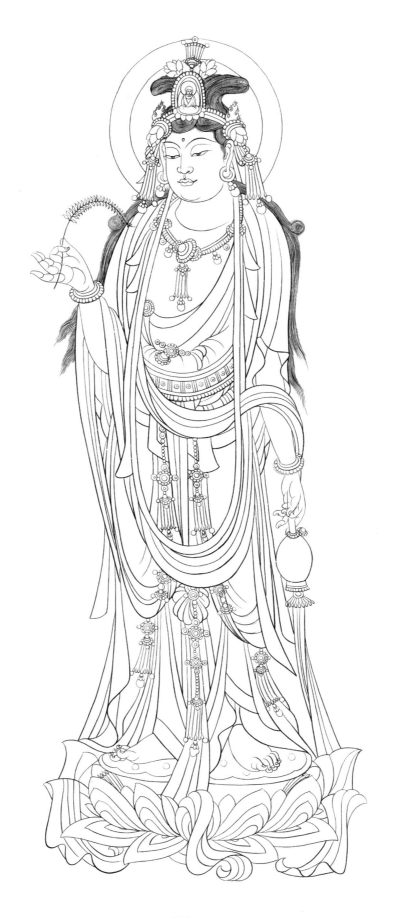

《普贤菩萨》榆林窟第25窟 中唐

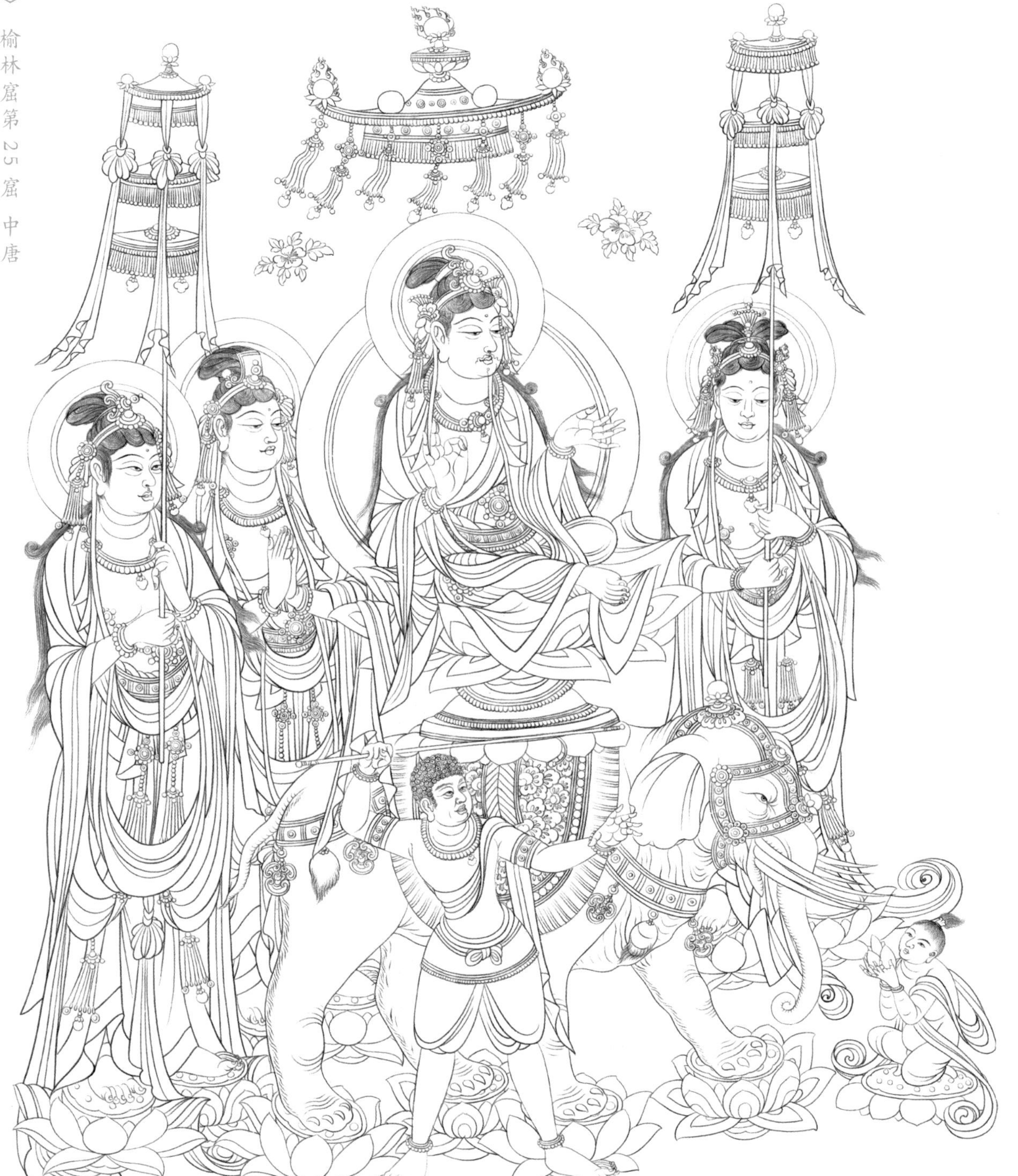

《普贤菩萨》 莫高窟藏经洞 晚唐

普贤菩萨

《水月观音》 榆林窟第2窟 西夏

《伎乐菩萨》 榆林窟第 25 窟 中唐

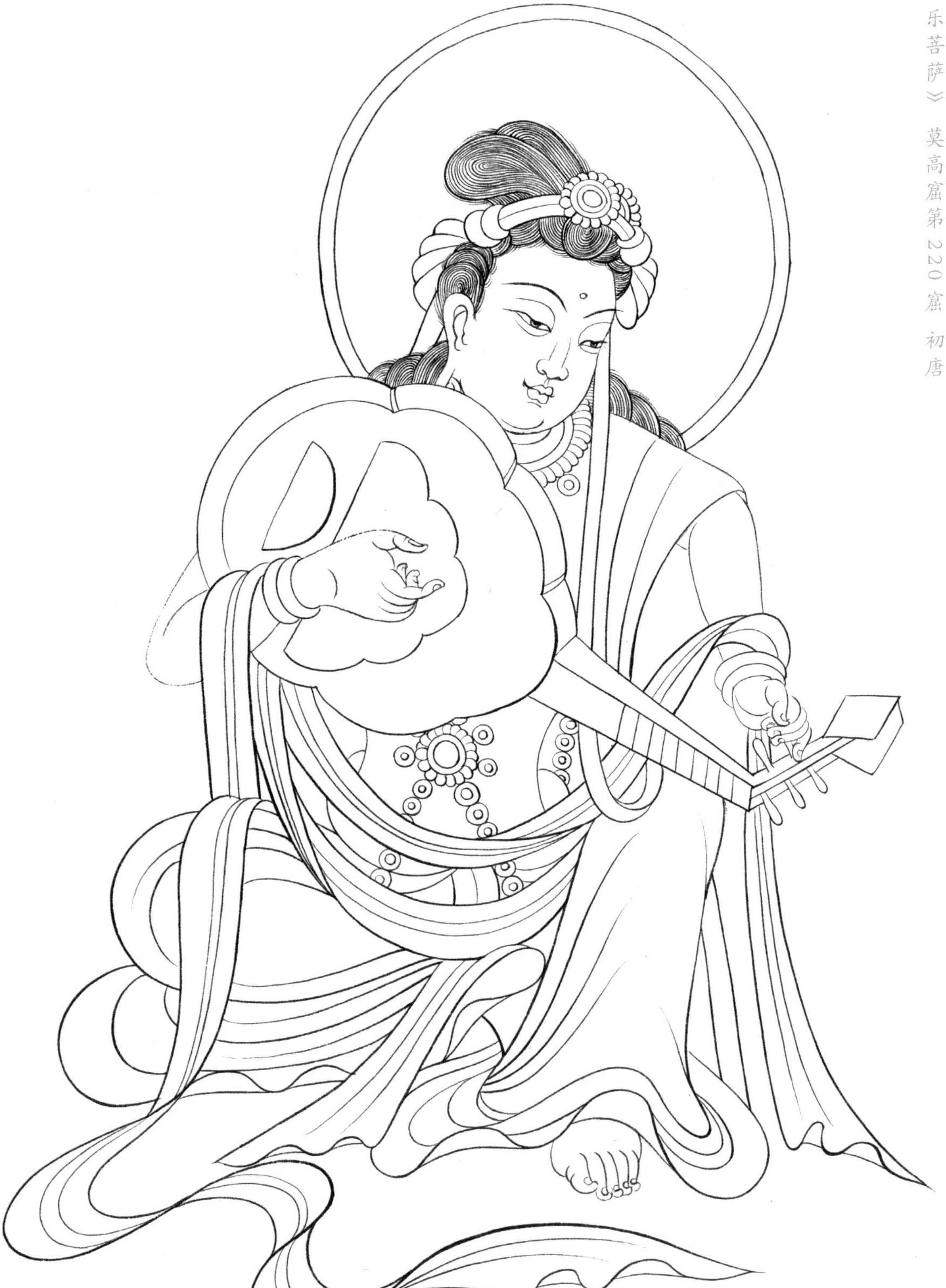

《伎乐菩萨》 莫高窟第220窟 初唐

第四部分

创新再读用

敦煌

在 2015 年留学期间，我开始尝试创作以敦煌为主题的文化衍生品，以表达对敦煌文化的深厚情感，并将我眼中的敦煌通过产品分享给更多人。在创作过程中，我也考虑到现实的就业问题，希望将自己热爱的事情转化为未来的职业。如今，经过近 9 年的文化衍生品创作，我积累了一些经验与心得，借此机会，与读者分享我在探索敦煌壁画过程中的思考与体会。

从 2013 年本科毕业后，我的绘画重心发生了转变，从之前专注于学习油画逐渐转向对敦煌艺术的抽象研究。在这个过程中，我发现了许多之前未曾注意到的精美壁画和细节内容，这一发现令我内心充满惊喜，渴望以最快的方式将其呈现出来。然而，传统作品的展示方式和表达形式难以实现快速且直接的创作输出，正当此时我很幸运地结识了密切合作至今的设计师郭老师。我们一拍即合，开始尝试全新的敦煌壁画艺术创作。这不仅成为我表达对敦煌情感的途径，也让我在与同好的交流中，获得了更深刻的理解与共鸣。

这次转变让我逐渐认识到，敦煌艺术不仅是历史遗产，还蕴藏着无限的现代设计可能。与郭老师的合作促使我将敦煌经典元素与当代设计语言结合，为传统艺术注入新的活力。我们尝试了多种跨领域的艺术表达，每一次都深化了我对敦煌壁画的理解。

我设计的首个产品系列以敦煌壁画中的供养人为主题，特别参考了莫高窟第 61 窟的人物形象。在我心中，供养人形象是历久弥新的。小时候，我常常去洞窟欣赏壁画，尽管当时几乎不理解画面内容，但供养人的形象令我着迷。他们的样貌与我们极为相似，给我留下了深刻印象。20 年时光流逝，当重新见到这些供养人像时，他们依然温暖地注视着我，唤起久违的亲切感，如同故人重逢。因此，我决定重新绘制供养人像，将其作为设计原型应用于首个文创产品系列中。

在重新绘制"供养人"系列画像的过程中，我选择使用水彩来创作，因为它易于掌控和晕染，能更好地表现人物神情。我重新塑造了供养人的容貌、穿着和头冠等特征并特意夸大了他们的表情，使他们看起来仿佛在与人对话。敦煌壁画中的供养人是历代出资修建敦煌洞窟的贡献者，今天我们能欣赏到如此精美的壁画和塑像，离不开他们的付出。回望历史，我对这些供养人充满敬意，觉得他们可爱而亲切。如今，我希望成为当代敦煌的"供养人"，用自己的力量将对敦煌文化的热爱延续下去。

我在这个系列产品中投入了大量精力，也深刻体会到艺术创作与产品设计的区别。在构思产品外形和进行绘画时，设想了很多可能性，但过程中确实有些"任性"。起初，我想制作一组陶瓷白盘，采用随性自然的形态，让陶瓷的坚硬质感与女性供养人的柔美形象形成对比，同时不规则的轮廓能更好地呼应供养人的神态。然而，由于缺乏经验，"贴花"工艺的不稳定性导致图案频繁破损，浪费了不少陶瓷盘。加上陶瓷盘易碎，需要更严密的包装，使得产品定价提高。后来，销售方又反映陶瓷盘太重，游客不愿携带沉重的"纪念品"回家。类似问题频繁出现，让我意识到艺术作品转变为商业产品时需要考虑更多因素。如果用艺术创作的标准对待产品设计，往往会产生冲突，造成很多不必要的损失。

在将艺术作品转化为文创产品的过程中，尽管有时会遇到一些"失误"，但大多数产品还是受到了欢迎，这也为我继续创作提供了源源不断的动力。创作"四大天王"系列作品时，一幅用彩色圆珠笔绘制的抽象作品给了我启发。敦煌洞窟中的天王怒目圆睁、充满张力，我运用重复的笔触技法和鲜艳的圆珠笔色彩细致地刻画出了天王形象。同时，我也采用类似手法创作了一些神兽和敦煌纹样的边饰图案，随后这些作品被应用于文创产品中。产品一经推出，就获得了积极反馈，这对我来说是莫大的鼓励。

在不断创作新作品的过程中，我将新的学习成果融入其中。例如，"九色鹿本生图"系列产品的原型手稿是我在 2017 年创作的。当时，我在伦敦攻读第二硕士学位，专注于学习与传统工艺密切相关的设计方法和制作技艺。在学习期间，几何结构的应用和波斯细密画对我的启发最大。在跟随老师临摹波斯细密画的过程中，我掌握了许多新的绘画技法，这些技法随后被应用到敦煌壁画的再创作中，我以细密画的手法完成了《九色鹿本生图》长卷。这种临摹和再创作的过程，让我更深刻地领悟了敦煌壁画的艺术精髓，并发现了许多之前未曾注意到的细节，例如，那些早期壁画中看似不起眼的小图案，如同散落的乐符，朝向与动势各不相同，仿佛被赋予了生命与情感。此外，我在细致研究中发现，画面最右侧的王后形象，她身穿的独特服饰与微微跷起的脚也是令人惊叹的细节。这些发现让我重新认识了北魏时期的壁画风格，在简练粗犷之中有细腻的一面，这与追求极致细节的波斯细密画有了相似之处。

通过不同表现手法进行敦煌壁画的再创作，不仅是一种创新的艺术体验，也为我提供了重新认识传统艺术的契机。例如，在"三兔共耳"图案的系列创作中，我充分利用硕士期间学习的几何结构分析法。首先，对"三兔共耳"藻井图案进行结构分析，确定基本框架后，添加新结构层次并组合图案。完成设计后，再选取相匹配的材料，将新的"三兔共耳"图案产品化。这些跨文化与跨学科的实践，让我深刻体会到敦煌艺术与其他传统艺术形式结合的可能性。这种结合不仅拓宽了敦煌艺术的表现领域，也加深了我对传统艺术与现代设计的关系的理解。

求学期间，我始终坚持敦煌图案的再创作与应用。三年留学结束后，我于2019年进入北京服装学院从事教学和专业研究。在此过程中，我不断将自身积累的创作与应用经验传授给学生。在这种教学相长的互动中，我不仅获得了新的创作灵感，也在不断进步中优化了自己的教学方法。

敦煌壁画宛如一座取之不尽、用之不竭的文化宝库，始终为我们带来源源不断的灵感。隔着时间的帷幕，敦煌壁画似乎遥不可及，但从那些生动的画作与故事中，我们总能捕捉到熟悉而动人的情感，所以它离我们并不遥远。于我而言，自幼浸润在敦煌洞窟的氛围中，而后经历漫长充实的求学之旅，如今再次投身敦煌壁画的研究时，我对敦煌的情感愈发深沉厚重。在这里，我将自己的艺术创作和产品设计分享出来，想为热爱敦煌文化的朋友提供一些参考，也希望更多的朋友能走近敦煌、领略敦煌文化，在艺术的氛围中感受一个宏大、璀璨、生机勃勃的敦煌。

"供养人"手稿及文创产品系列

《供养人》重绘 1 取材于莫高窟第 61 窟 水彩

  画里新声：五代时期的敦煌壁画中，供养人的面部特点主要体现在眼神和面颊的装饰，这些细节让人印象深刻。在重新绘制的过程中，我用晕染技法重点刻画面部神韵，简化其他细节。通过细腻的表情描绘，重新赋予供养人鲜活的性格特征，也传达了我对供养人的独特情感。

 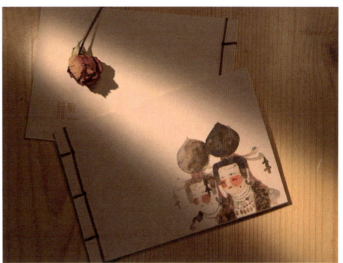

"供养人"瓷盘　　　　　"供养人"线装本

"供养人"帆布包

　　此系列作品的整体着色较轻薄。在文创设计中我选用了轮廓与造型简洁、更大众化的产品样式，从而突出图像本身，达到产品与图像的更好结合。

《供养人》重绘 2 取材于莫高窟第 61 窟 水彩

《供养人》重绘 3 取材于莫高窟第 61 窟 水彩

"回鹘小侍卫"手稿及文创产品系列

《回鹘小侍卫》重绘 取材于莫高窟第 409 窟　水彩

　　画里新声：莫高窟第 409 窟东壁门南的墙面上可见回鹘王与一群小侍卫的画面。由于年代久远、色彩氧化等原因，壁画上只能看到小侍卫通红的脸庞和细长的眼睛，其余细节已无法辨识，这种形象在敦煌壁画中别具一格。在创作中，我用水彩晕染来夸张表现小侍卫的红脸蛋，以大面积的暖红色块，生动再现了小侍卫憨态可掬的模样。

"回鹘小侍卫"瓷盘

"回鹘小侍卫"手机气囊支架

"回鹘小侍卫"文件夹

"回鹘小侍卫"瓷盘瓷碗套装

　　小侍卫形象活泼可爱，可选择易于携带的产品与之匹配，例如手机气囊支架和文件夹，既能突显小侍卫的憨态，也将产品更好地融入大众生活。

"九色鹿本生图"手稿及文创产品系列

《九色鹿本生图》重绘 取材于莫高窟第 257 窟 矿物质颜料 手工纸

画里新声：《九色鹿本生图》属于敦煌早期壁画，其动物、人物以及风景的描绘简练概括。在重绘时，我运用细密画的技法强化细节表现，同时融入现代审美理解。

文创设计中需平衡艺术表现与产品功能，我选用遮阳伞、遮阳帽和扇子等可连贯展示长卷的载体，通过重构画面元素，既保留壁画叙事性，又强化实用性与艺术美感的融合，完美呈现敦煌魅力。

"九色鹿"团扇　　　　　　　　　　　"九色鹿"遮阳伞

"九色鹿"手机气囊支架

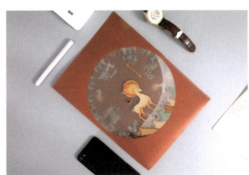

"九色鹿"文件夹

"九色鹿"耳环

"九色鹿"帆布包

"九色鹿"防晒帽

"九色鹿"香片

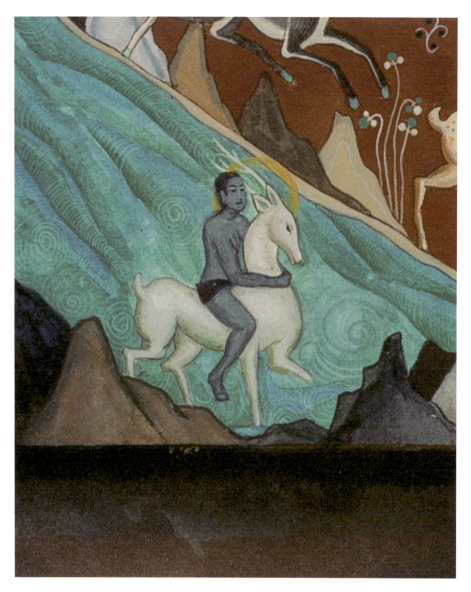

局部 1：九色鹿救起溺水人

局部 2：溺水人跪地向九色鹿谢恩

局部 3：九色鹿向国王控诉溺水人

"四大天王"手稿及文创产品系列

《四大天王》重绘 取材于莫高窟第 100 窟
圆珠笔 手工纸

画里新声: 在敦煌壁画中,四大天王的
形象庄严肃穆,每一处细节都彰显出人物的
力量与气魄。在重现四大天王时,我以水性
笔和圆珠笔的密集线条勾勒细节,以立体的
光影呈现天王的五官,以叠加的线条和浓烈
的色彩突显了服饰的华丽厚重,更强化了天
王不怒自威的气势,让传统形象焕发新的视
觉张力。

"四大天王"冰箱贴

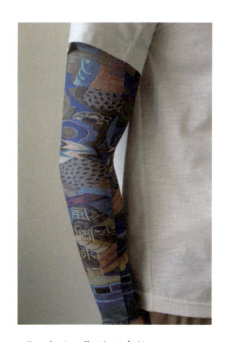

在民间,四大天王是东南西北四个方位的守护神,寓意"风调雨顺"。在设计文创时,我将"护佑"的概念融入实用性产品中,通过现代设计语言,让这些文化符号既传递美好祝福,又满足实用需求,实现艺术价值与生活美学的完美融合。

"四大天王"防晒冰袖

"风雨雷电"手稿及文创产品系列

《风雨雷电》重绘 取材于莫高窟第 285 窟
国画颜料 手工纸

画里新声：莫高窟第 285 窟窟顶壁画中，飞翔的神兽与旋转的花团似随风舞动，展现出一种自然的流动感。凝视伫立，整个人仿佛沉浸其中。

重绘时，我以细腻的写实手法突出神兽形态，运用对比色彩强化视觉张力，并将其融入晴雨伞和胸针设计中：伞面内侧精心排布神兽图案，让人在撑伞时抬头便能获得观看壁画的体验；胸针采用高饱和色彩搭配黑色轮廓线，既表现神兽力量感又符合现代审美。

"风雨雷电"遮阳伞

"风雨雷电"胸针

《石榴卷草纹》重绘 取材于莫高窟第 148 窟

莫高窟第 288 窟
人字披顶纹样

西千佛洞第 12 窟
边饰纹样

画里新声：在以敦煌纹样为主题的文创设计中，我进行了两种尝试：一方面，以重复排列重构图案秩序，创造新的视觉韵律；另一方面，将图案拆解为独立元素，运用多元绘画技法凸显细节美，并融入茶具、胶带纸和胸针等产品的设计中。

"石榴卷草纹"纸胶带

敦煌纹样旅行茶具

《隋代菩萨系列》重绘 取材于莫高窟

　　画里新声：莫高窟隋代壁画中的菩萨形象与众不同、独具特色：其面部用以突出五官轮廓的亮色，因时间流逝、矿物颜料氧化而形成浓重的晕染效果。在重绘时，我保留这些晕染效果，重点刻画脸颊、额头和下颌，以呈现其独特韵味，传递深邃宁静的力量。

"隋代菩萨" 图案手提袋

《飞天》重绘 1 取材于莫高窟西魏洞窟

《飞天》重绘 2 取材于莫高窟西魏洞窟

画里新声：飞天是敦煌壁画中的经典形象，其动态美源于人物与飘带的和谐韵律。重绘时需精准把握其优雅姿态，多一笔则赘，少一笔则缺。我在保留传统神韵的基础上探索现代表现手法，再现飞天徜徉空中的灵动之美。

《飞天》重绘 3 取材于莫高窟第 321 窟

195

"飞天"图案茶具　　　　　　　　飞天"图案茶具套装

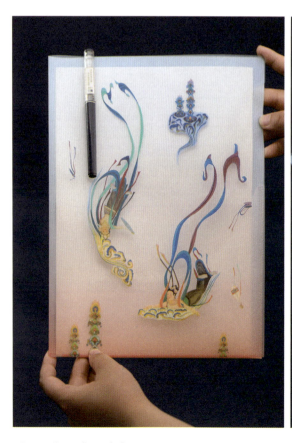
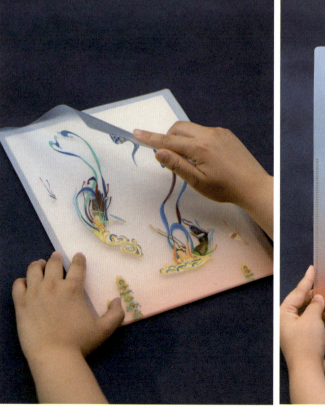

"飞天"图案文件夹

"飞天"图案遮阳伞

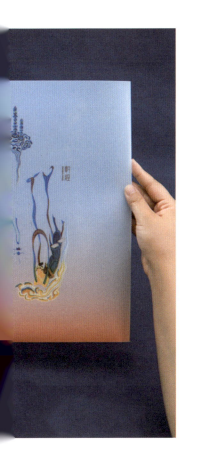

"飞天"图案书签

"三兔共耳"手稿及文创产品系列

《三兔共耳》重绘 1

《三兔共耳》重绘 2

"三兔共耳"书签

画里新声:在图案设计中,我运用几何结构重构传统纹样,赋予其新的形式美感。例如,以敦煌经典元素"三兔共耳"为基础,结合对称关系和连续纹样,实现结构与图案的和谐统一,并将其拓展至产品设计。这种尝试既探索了传统图案的现代表达,也为文化艺术的商业转化积累了经验。

文创产品的核心是文化本身,设计师若过度强调个人风格,可能削弱文化认同感。因此,优秀的设计师需兼顾三点:坚守文化内核、融入当代审美、契合消费者需求。只有在这三者间找到平衡,才能创作出既有文化深度又受市场欢迎的作品。

《菩萨海会图》重绘

"菩萨海会图"书签

画里新声：这幅作品的灵感源自敦煌莫高窟第161窟的《菩萨海会图》。原壁画中人物排列有序，嘴部微张似在吟诵或交谈，观赏时仿佛能感受到声音的律动。创作时，我用复写纸拓印人物轮廓，形成抽象而富有节奏感的画面，赋予作品开放性的解读空间。结合设计经验，最终选择用不易变形的金属材质，通过镂空刻线工艺制成书签。

对我而言，绘画与文创产品都是艺术表达的方式，是与观众和消费者沟通的桥梁。当文创进入商业市场时，需要在文化传承与市场需求之间找到平衡——既不因过度自我表达而脱离市场，也不因追求利益而失去文化内核。近八年的文创设计经验让我明白，"量力而行"是关键，既要适度考虑市场，也要坚守设计初衷。无论产品畅销与否，设计师都应清晰传达作品的情感和价值，始终不忘创作的"初心"。

后记

本书的前半部分展示了父亲临摹的经典壁画作品。我时常怀着好奇问父亲："爸爸，当时您是在什么样的环境下临摹壁画的？您的老师是如何教导您的？"尽管父亲的胡子已经花白，但我常常想象他在我这个年纪，甚至更年轻时面对壁画的心情。

关于临摹，父亲对我说得不多。他认为，临摹壁画更需要多观察、多实践。无论思考多少，最终都要落实到具体的笔触上，通过持续的临摹来总结经验。一次，父亲被朋友问及教授学生临摹的方法，他简洁地回答："不教。"他相信，真正的指导在无形之处。这位朋友感慨道："示人以规矩，而不教人以技巧。"的确，临摹的核心在于全心全意感受壁画的色彩及其传达意蕴的精妙之处，而这样的积累是没有捷径可走的。

在我的记忆中，父亲几乎从未停歇，他把所有的热情和执着都倾注在作品中，并相信只有通过不断临摹才能实现更多的进步与突破。他的态度也激励着我更加真诚地面对自己。那么，什么是"真诚"？我理解为：认清真实的自己，坚定地追求所热爱的事物并全身心投入其中。我想我做的还很不够，仍需不断努力。

本书的第四部分是我对敦煌壁画创新应用的阶段性总结，但于我而言，这仅仅是一个开始。在敦煌的那片土地，在父亲的陪伴和影响下，我逐渐找到了自己，看到了自己本真的模样，并充满热情地奔跑在拥抱自己的路上……

希望这本书能够传达我和父亲对敦煌的热爱，让更多人感受到敦煌壁画独特的文化魅力。同时，也祝愿每位读者在成长的漫漫道路上，找到心中的热爱与力量，勇敢追寻自己的梦想。

牛佤

2024 年 12 月